Wesen und Wirkung

des

Anerkenntnisses im Zivilprozess

insbesondere die Frage der Widerruflichkeit oder Anfechtbarkeit wegen Irrtums und anderer Willensmängel

Eine prozessrechtliche Studie

von **Dr. iur. Hans Müller**

Leipzig
Verlag von Veit & Comp.
1911

Wesen und Wirkung
des
Anerkenntnisses im Zivilprozess

insbesondere die Frage der Widerruflichkeit oder Anfechtbarkeit wegen Irrtums und anderer Willensmängel

Eine prozessrechtliche Studie

von **Dr. iur. Hans Müller**

Leipzig
Verlag von Veit & Comp.
1911

Druck von Metzger & Wittig in Leipzig

DER KÜNFTIGEN GEFÄHRTIN
MEINES LEBENS

Inhalt.

Dritter Teil.

Die Widerruflichkeit bzw. Anfechtbarkeit des Anerkenntnisses wegen Willensmängel.

Die im Text gebrauchten Abkürzungen entsprechen den „Vorschlägen des Deutschen Juristentages für die Art der Anführung von Rechtsquellen, Entscheidungen und wissenschaftlichen Werken“ (Berlin 1905, Guttentag). Im übrigen sind die Abkürzungen allgemein üblich und ohne weiteres verständlich.

Literaturverzeichnis.

Annalen der badischen Gerichte.

Archiv für die zivilistische Praxis, zitiert: ZA. (ziv. Arch.)

Bayer, Vorträge für den gemeinen ordentlichen Zivilprozeß. 1858.

Bethmann-Hollweg, Versuche über einzelne Teile der Theorie des Zivilprozesses. 1827.

Blätter für Rechtsanwendung zunächst in Bayern, gegründet von J. A. Seuffert, zitiert: Bl. f. RA.

Bülow, O., Das Geständnisrecht. 1800.

Bülow, O., Klage und Urteil. Eine Grundfrage des Verhältnisses zwischen Privatrecht und Prozeß. In Zeitschrift für deutschen Zivilprozeß. Bd. 31 S. 191 ff.

Bunsen, Lehrbuch des deutschen Zivilprozeßrechts. 1900.

v. Canstein, Anerkennung und Geständnis. In Zeitschrift für deutschen Zivilprozeß. Bd. 1. S. 257 ff.

Crome, System des deutschen bürgerlichen Rechts. Bd. I. 1900.

Das Recht, Zeitschrift, herausgegeben von Soergel.

Degenkolb, Das Anerkenntnisurteil. Dekanatsprogramm. 1902. Abgedruckt in Degenkolb, Beiträge zum Zivilprozeß. S. 109—158.

Degenkolb, Beiträge zum Zivilprozeß. 1905.

Demelius, Die confessio. 1880.

Demmler, Das gerichtliche Geständnis von Rechtsverhältnissen. Diss. 1895.

Dernburg, Lehrbuch des preußischen Privatrechts. 4. Aufl. 1884.

Deutsche Juristen-Zeitung.

Eccius, Besprechung von Wachs Handbuch des deutschen Zivilprozeßrechts; in Gruchot, Beiträge. Bd. 30. S. 357 ff.

Engelmann, Der deutsche Zivilprozeß. Bd. III. 1901.

Entscheidungen des Reichsgerichts in Zivilsachen.

Förster-Eccius, Theorie und Praxis des heutigen gemeinen preußischen Privatrechts. 4. Aufl. 1881.

Freudenthal, Kommentar zur Zivilprozeßordnung. 1900.

Gaupp-Stein, Kommentar zur Zivilprozeßordnung. 7. Aufl.

Gönner, Handbuch des deutschen gemeinen Prozesses. Bd. II. 1804.

Göttingische gelehrte Anzeigen. 163. Jahrg. Bd. 1. Kisch bespricht O. Bülows Geständnisrecht. S. 206 ff.

Gruchots Beiträge zur Erläuterung des deutschen Rechts.

Grünhuts Zeitschrift für Privat- und öffentliches Recht.

Hegler, Beiträge zur Lehre vom prozessualen Anerkenntnis und Verzicht. 1903.

Hellmann, Lehrbuch des deutschen Zivilprozeßrechts. 1885.

Hellwig, Anspruch und Klagrecht. 1900.

Hellwig, Lehrbuch des deutschen Zivilprozeßrechts. 1903.

Hellwig, Prozeßhandlung und Rechtsgeschäft. 1911.

Hoffmann, Historische und dogmatische Darstellung des Anerkenntnisses im Zivilprozeß. Diss. 1892.

Hölder, Die Natur des gerichtlichen Geständnisses. In Zeitschrift für deutschen Zivilprozeß. Bd. 29. S. 389 ff.

Jellinek, System der subjektiven öffentlichen Rechte. 2. Aufl. 1905.

Juristische Monatsschrift für Posen, West- und Ostpreußen.

Juristische Wochenschrift.

Juristische Zeitschrift für Elsaß-Lothringen.

KISCH, siehe Göttingische gelehrte Anzeigen.
KISCH, Besprechung von DEGENKOLBS Anerkenntnisurteil. In Zeitschrift für deutschen Zivilprozeß. Bd. 34. S. 381.
KISCH, Deutsches Zivilprozeßrecht, Sammlung GÖSCHEN. 1909.
KOHLER, Der Prozeß als Rechtsverhältnis. 1888.
KOHLER, Gesammelte Beiträge zum Zivilprozeß. 1894.
KOHLER, Prozeßhandlungen mit Zivilrechtswirkung. In Zeitschrift für deutschen Zivilprozeß. Bd. 29. S. 1 ff.
LANGHEINEKEN, Der Urteilsanspruch. 1899.
MANIGK, Das Anwendungsgebiet der Vorschriften für die Rechtsgeschäfte. 1901.
MUGDAN-FALKMANN, Die Rechtsprechung der Oberlandesgerichte auf dem Gebiete des Zivilrechts.
NUSSBAUM, Die Prozeßhandlungen, ihre Voraussetzungen und Erfordernisse. 1908.
PAGENSTECHER, Zur Lehre von der materiellen Rechtskraft. 1905.
PAUL, Der Vergleich im Zivilprozeß. 1898.
PETERSEN, Kommentar zur Zivilprozeßordnung. Bd. I. 1904.
PFIZER, Das Urteil und seine Surrogate nach dem Entwurf des Bürgerlichen Gesetzbuches. In GRUCHOTS Beiträge. Bd. 35. S. 281.
PLANCK, Lehrbuch des deutschen Zivilprozeßrechts. 1896.
POLLACK, Das gerichtliche Geständnis im Zivilprozeß. 1893.
PUCHELTS Zeitschrift für französisches Zivilrecht.
REINCKE, Kommentar zur Zivilprozeßordnung. 4. Aufl. 1900.
Sächsisches Archiv für bürgerliches Recht und Prozeß.
v. SAVIGNY, System des heutigen römischen Rechts. Bd. 7. 1848.
SCHMIDT, RICHARD, Lehrbuch des deutschen Zivilprozeßrechts. 2. Aufl. 1906.
SCHULTZE, ALFRED, Besprechung von POLLACKS gerichtlichem Geständnis. In Zeitschrift für deutschen Zivilprozeß. Bd. 19. S. 341 ff.
SEUFFERTS Archiv für Entscheidungen der obersten Gerichte.
SEUFFERT, Kommentar zur Zivilprozeßordnung. 8. Aufl. 1900.
STEIN-SCHMIDT, Aktenstücke zur Einführung in das Prozeßrecht. 5. Aufl. 1903.
STRUCKMANN-KOCH, Kommentar zur Zivilprozeßordnung. 8. Aufl. 1901.
SYDOW-BUSCH, Kommentar zur Zivilprozeßordnung. 11. Aufl. 1908.
TRUTTER, Über prozessuale Rechtsgeschäfte. 1890.
WACH, Das Geständnis. Ein Beitrag zur Lehre von den prozessualen Rechtsgeschäften. Im Archiv für die ziv. Praxis. Bd. 64. S. 201.
WACH, Der Feststellungsanspruch. 1889. In Festschrift der Leipziger Juristenfakultät für WINDSCHEID.
WACH, Der Rechtsschutzanspruch. In Zeitschrift für deutschen Zivilprozeß. Bd. 32 S. 1 ff.
WACH, Handbuch des deutschen Zivilprozeßrechts. Bd. I. 1885.
WALSMANN, Der Irrtum im Prozeßrecht. Ein Beitrag zur Lehre von den Prozeßhandlungen. Im Arch. für ziv. Praxis. Bd. 102. S. 1 ff.
WARNEYERS Jahrbücher der Entscheidungen.
WEISMANN, Hauptintervention und Streitgenossenschaft. 1894.
WEISMANN, Lehrbuch des deutschen Zivilprozeßrechts. Bd. I. 1903.
WETZELL, System des ordentlichen Zivilprozesses. 1878.
WILMOWSKI-LEVI, Kommentar zur Zivilprozeßordnung. 7. Aufl. 1895.
Zeitschrift der badischen Anwaltskammer.
Zeitschrift für deutschen Zivilprozeß, begründet von BUSCH, zitiert: ZZP.
ZIEMSSEN, Über die dispositive Natur von Verzicht und Anerkenntnis im Zivilprozeß. Diss. 1908.

Einleitung.

Die Lehre vom gerichtlichen Anerkenntnis wurde in der früheren Doktrin stets nur im Zusammenhang mit dem Geständnis erörtert. Entsprechend der römischen confessio faßte man unter dem Worte „Geständnis" oder auch „Bekenntnis" diejenigen beiden Begriffe zusammen, welche man später daraus abgeleitet hat. Dadurch entstand notgedrungen eine Verwischung und Unklarheit der ganzen Lehre.

Im Gegensatz hierzu behandelt unsere heutige Ziviprozeßordnung das Anerkenntnis des geltend gemachten Anspruchs streng gesondert von dem Tatsachen-Geständnis. Schon rein äußerlich ist diese Scheidung zum Ausdruck gebracht. Das Geständnis hat in § 288 unter den allgemeinen Vorschriften über den Beweis seinen Platz gefunden, während das Anerkenntnis im Sinne des § 307 unter den Normen des Urteils behandelt wird. Wenngleich durch diese äußere Scheidung die Begriffe gegenseitig schärfer voneinander abgehoben erscheinen, so sind wir doch dem inneren Wesen beider Akte noch um keinen Schritt näher gerückt.

Speziell für das Anerkenntnis, das den Gegenstand der vorliegenden Untersuchung bildet, erfahren wir in § 307 ZPO. nur, daß nach erfolgtem Anerkenntnis der Richter verpflichtet ist, ohne weitere Sachprüfung auf Antrag ein Urteil zu erlassen. Über den Begriff selbst gibt uns die ZPO. ebensowenig Aufschluß wie das gemeine Recht.

Es fragt sich, ist eine solche Begriffsbestimmung überhaupt notwendig? Wenn das Gesetz bisher eine Definition scheinbar für überflüssig hält, welchen Vorteil hat dann eine theoretische Untersuchung? Die Begriffsentwicklung ist ja nicht Selbstzweck, sie soll den Inhalt der Rechtssätze nur begreifen, ihn geistig beherrschen helfen. Nun scheint zwar die Bestimmung des § 307 ZPO. durchaus logisch und einfach. Wer den geltend gemachten Anspruch anerkennt, kann sich nicht beklagen, wenn er verurteilt wird. Indessen, welcher Natur ist denn die Erklärung, das Anerkennen selbst? Ist es nur der Ausdruck der inneren Überzeugung, eine Bestätigung der Wahrheit, daß der Anspruch zu Recht besteht, oder ist es eine Willenserklärung, des Inhalts, daß der Anspruch als bestehend behandelt werde, gleichviel, ob er tatsächlich besteht, oder obwohl er nicht besteht? Und ferner, ist das Anerkenntnis ein Vertrag des bürgerlichen Rechts, ein abstraktes Schuldanerkenntnis, das neues selbständiges Recht schafft, oder ist es nur ein rein prozessualer Akt, oder gar beides? Muß das Anerkenntnis in Gegenwart des Gegners und wem gegenüber muß es abgegeben werden?

Das alles sind Fragen von großer praktischer Bedeutung, auf die uns das Gesetz keine Antwort gibt. Der § 307 enthält also trotz seiner scheinbaren Durchsichtigkeit eine Menge ungelöster Fragen. Wie aber können wir diese Zweifel beheben, ohne auf die Rechtsnatur des Anerkenntnisses einzugehen?

Noch dringender wird das Bedürfnis nach tieferer Untersuchung, wenn man sich nach der bindenden Kraft der Anerkenntniserklärung fragt. Kann der Erklärende seine Worte frei widerrufen, kann er seine Erklärung anfechten, wenn er sich versprochen, sich geirrt hat, oder durch Drohungen dazu gezwungen ist? Wie wichtig und wie zweifelhaft gerade diese letztere Frage ist, zeigt die große Anzahl von gerichtlichen und zum Teil widersprechenden Entscheidungen über diesen Punkt. Die Praxis hilft sich mit analoger Anwendung der Vorschriften des materiellen Rechts oder mit Ausdehnung der Bestimmungen über das Geständnis und gelangt dadurch zu immerhin annehmbaren Resultaten. Es liegt aber auf der Hand, daß eine befriedigende Lösung nur im Zusammenhang mit dem Wesen des Anerkenntnisses im Rahmen des Prozeßganzen gefunden werden kann.

Aus alledem ergibt sich, daß die Untersuchung nach der Natur des Anerkenntnisses nicht bloß unfruchtbare theoretische Begriffsjurisprudenz ist, sondern praktischen Bedürfnissen entspricht. Diesem Umstand ist es auch zuzuschreiben, daß der

Streit über den Anerkenntnisbegriff noch bis in die neueste Zeit fortdauert.

Es kann aber bei der vorliegenden Untersuchung nicht beabsichtigt sein, die verschiedenen Lehren alle samt ihren Begründungen im Einzelnen darzustellen. Eine eingehende Berücksichtigung der überaus zahlreichen Theorien ist im Rahmen dieser Arbeit schon deshalb nicht möglich, weil dazu der Standpunkt der einzelnen Schriftsteller zu vielen prinzipiellen, und zwar auch materiellrechtlichen, Fragen entwickelt werden müßte, mit denen die Auffassungen vom Anerkenntnis zusammenhängen. Selbstverständlich soll aber eine Stellungnahme zu den wichtigsten und grundlegenden Ansichten, soweit sie die in Betracht kommenden Fragen berühren, dadurch nicht ausgeschlossen werden.

Die geschichtliche Entwicklung dagegen ist, sofern sie nicht für das Verständnis erforderlich war, unberücksichtigt geblieben, da ihr eine Bedeutung für den Zweck der Untersuchung nicht beikommt.

Erster Teil.

Die Natur des Anerkenntnisses.

I. Tatbestand und Voraussetzungen desselben.

Die deutsche Zivilprozeßordnung spricht vom Anerkenntnis im wesentlichen nur in dem einen, den Angelpunkt der Gesamterörterung bildenden, § 307:

> Erkennt eine Partei den gegen sie geltend gemachten Anspruch bei der mündlichen Verhandlung ganz oder zum Teil an, so ist sie auf Antrag dem Anerkenntnisse gemäß zu verurteilen.

a) Mündliche Verhandlung.

Es muß also eine mündliche Verhandlung, es muß ein Zivilprozeß anhängig sein. Deshalb ist noch kein Anerkenntnis eine entsprechende Erklärung in einem vorbereitenden Schriftsatz,[1] oder gelegentlich einer Privatunterhaltung mit der Gegenpartei, bzw. einem Dritten. Eine solche Erklärung kann aber gegebenenfalls die Wirkung haben, die richterliche Überzeugung zu bestärken. Niemals jedoch wird daraufhin ohne weitere Nachprüfung ein Anerkenntnisurteil ergehen, da die Vorbedingung des § 307 fehlt. Derartige Erklärungen bezeichnet man daher mit außerprozessualem Anerkenntnis.

Dagegen ist es gleichgültig, ob die mündliche Verhandlung vor dem Prozeßgericht oder im vorbereitenden Verfahren in Rechnungssachen und ähnlichen Prozessen (§ 348 ff. ZPO.) stattfindet (Arg. § 350 Nr. 2 ZPO.).

Nicht aber genügt eine Erklärung im sonstigen Verfahren vor dem ersuchten oder beauftragten Richter,[2] etwa im Beweisaufnahmetermin. Hier liegt überhaupt keine mündliche Verhandlung, auch nicht ein Teil derselben, vor. Daß mündliche Verhandlung und Beweisaufnahme begrifflich durchaus verschieden sind, ergibt sich schon aus § 370 ZPO., wo beide einander gegenübergestellt sind. Für das Geständnis bestimmt § 288 ZPO. ausdrücklich, daß es sowohl in der mündlichen Verhandlung, als auch vor dem beauftragten oder ersuchten Richter abgelegt werden kann. Daraus folgt, daß, wenn § 307 nur von der mündlichen Verhandlung spricht, das Anerkenntnis bewußtermaßen hierauf beschränkt sein sollte.

Andererseits kann grundsätzlich in jeder Lage des Rechtsstreits anerkannt werden, so nach bedingtem Endurteil, wie in der Berufungsinstanz.[3] Vor dem Revisionsgericht ist dagegen ein Anerkenntnis wirkungslos, da nach § 561 ZPO. das Vorbringen von neuen Tatsachen, d. h. von tatsächlichem Material im Gegensatz zu den rechtlichen Ausführungen, ausgeschlossen ist. Die Urteilsgrundlage kann in dem Revisionsverfahren nicht

[1] So Gaupp-Stein, Kom. zu § 307 u. § 306 I, 2 und die dort zit. RGE. vom 26. III. 1898, in Gruchot, Beitr. Bd. 42 S. 915, sowie Bl. f. RA. Bd. 56 S. 155.

[2] So Struckmann-Koch, Kom. zu § 307 Nr. 5, ferner Gaupp-Stein, Kom. zu § 307 I, § 306 I, 2 und die dort angeführte Literatur. Dagegen Planck, a. a. O. S. 321, von Canstein in ZZP. Bd. 1 S. 326 und Hoffmann S. 39.

[3] Ebenso Gaupp-Stein, Kom. zu § 307 u. 306, RGE. vom 30. III. 1904 in Seuffert, Archiv Bd. 59 Nr. 247.

mehr durch Einführung von sachlichem Streitmaterial verschoben werden. Aufgabe dieser Instanz ist lediglich die Nachprüfung darüber, ob die Vorinstanzen auf Grund der ihnen unterbreiteten Tatsachen richtig entschieden haben.[1]

Ebenso wie die Lage des Rechtsstreits ist auch die Art des Verfahrens prinzipiell ohne Einfluß, sofern überhaupt nur eine mündliche Verhandlung stattfindet. Ein Anerkenntnis ist deshalb auch möglich im Urkunden- und Wechselprozeß, ebenso im schiedsrichterlichen Verfahren. Nur fehlt es im letzteren Fall an einer dem § 307 entsprechenden Vorschrift. Welche Wirkungen dem Anerkenntnis hier beigelegt werden, ob daraufhin ohne weitere Prüfung ein Schiedsspruch zu erlassen ist, steht im freien Ermessen des Schiedsgerichts.

In Ehe-, Kindschafts- und Entmündigungsprozessen kann zwar eine Anerkenntniserklärung abgegeben werden, es ist ihr aber kraft besonderer Vorschrift (§ 617 ZPO.) gerade die Hauptwirkung, die Verurteilung auf Grund des Anerkenntnisses, abgeschnitten. Im übrigen aber kann ihr sehr wohl die Wirkung zukommen, die Überzeugung des Gerichts von dem Bestehen des Anspruchs zu befestigen. Hieraus ist bei den Wirkungen des Anerkenntnisses einzugehen.

b) **Erklärung.**

Das Anerkennen selbst setzt eine Erklärung voraus. Der innere Vorgang, die Tätigkeit des Gehirns allein genügt nicht. Damit das Anerkenntnis Bestandteil der mündlichen Verhandlung wird, muß der seelische Vorgang nach außen hin in die Erscheinung treten, das Anerkenntnis muß erklärt werden. Der gewöhnliche Weg ist eine Erklärung durch Worte. Daneben sind jedoch auch andere Formen möglich. Man unterscheidet direkte, indirekte, wörtliche und nicht wörtliche Erklärungen.[2] Es fragt sich, welche Form für das Anerkenntnis vorgeschrieben ist. Man pflegt in der Regel zu sagen, wenn das Gesetz keine bestimmte Form verlangt, ist jede Form gestattet. Davon macht nun aber

---

[1] Vgl. im übrigen Ziemssen S. 9.

[2] Vgl. hierüber Crome, System I § 86.

das Prozeßrecht jedenfalls eine Ausnahme. Der Prozeß ist öffentliches, formales Recht; wer vor die Schranken des Gerichts tritt, hat eine klare, bestimmte Erklärung abzugeben, ebenso wie vor einer beliebigen anderen Behörde. Ein bloßes Nicken des Kopfes auf eine Frage des Richters, ob der Anspruch anerkannt werde, ein indirektes Verhalten, Stillschweigen auf die Behauptung des Gegners, der Beklagte werde den Anspruch nicht bestreiten können, genügt nicht.[1] Der Prozeß ist nicht dazu da, sich gegenseitig Rätsel aufzugeben. Er hat viemehr den Zweck, vorhandene Ungewißheit in Gewißheit zu verwandeln. Die mündliche Verhandlung wird nicht durch Zeichen und Gebärden, sondern durch Worte geführt.

Wir haben somit als Form für die Anerkenntniserklärung die direkte Sprachform festzustellen. Dabei ist es natürlich nicht erforderlich, daß gerade die Worte: „ich erkenne an“ gebraucht werden, es genügen auch andere Wendungen, welche den gleichen Sinn haben. Dagegen muß die Erklärung unbedingt und uneingeschränkt erfolgen.[2] Übrigens ist die Frage praktisch nicht von allzu großer Bedeutung. Der Richter wird kraft seines Fragerechts und seiner Fragepflicht immer darauf hinwirken, daß eine direkte Erklärung durch Worte stattfindet, zumal an diese Erklärung eine Wirkung geknüpft ist, welche dem Erklärenden im höchsten Grade nachteilig ist.

c) **Subjekt der Erklärung**

ist der Beklagte oder der Widerbeklagte. Erkennt dagegen der Kläger einen vom Beklagten einredeweise vorgebrachten Anspruch an, so liegt darin kein Anerkenntnis im Sinne § 307 ZPO., und zwar deswegen nicht, weil das Anerkenntnis so beschaffen sein muß, daß eine sofortige Verurteilung ermöglicht wird. Inwieweit aber dieser Erklärung eine anderweitige Bedeutung zukommt, wird weiter unten gezeigt.

---

[1] Stillschweigendes Anerkenntnis nehmen an: Gaupp-Stein, Kom. zu § 307 Anm. I Abs. 2, ferner OLG. Karlsruhe in Zeitschr. der badischen Anwaltskammer Bd. 3 S. 10ff.

[2] Gaupp-Stein, Kom. zu § 307 Anm. I Abs. 2.

d) **Adressat der Erklärung**

ist stets das Gericht, dies folgt aus dem Begriff der mündlichen Verhandlung. Ist etwa das Anerkenntnis zwar in Gegenwart des Richters, aber nur dem Gegner zugeflüstert, so handelt es sich lediglich um eine unmaßgebliche Privatunterhaltung der Parteien im Gerichtssaal. Zweifelhaft dagegen kann sein, ob die Erklärung nicht auch dem Gegner gegenüber abzugeben ist.[1] Hiergegen ist hervorzuheben, daß das Gericht allein über den erhobenen Anspruch zu entscheiden hat. Der Kläger erbittet vom Gericht eine Verurteilung des Beklagten; soll nun auf die Urteilsgrundlage eingewirkt werden, so ist es nur erforderlich, daß derartige Erklärungen und Anträge an das Gericht als maßgebende Stelle gerichtet sind. Irgend eine Mitwirkung der Gegenpartei ist nicht erforderlich. Es handelt sich hier keineswegs, wie im materiellen Recht, um empfangsbedürftige Willenserklärungen zwischen zwei Privatpersonen. Zwar erfordert der Prozeßzweck, daß die Interessen beider Parteien in gerechter und gleichmäßiger Weise Berücksichtigung finden. Es muß daher einer jeden Partei grundsätzlich die Möglichkeit eingeräumt werden, auf die Erklärungen des Gegners eine Erwiderung abzugeben und sich gegen die nachteiligen Folgen derselben zu verteidigen. Beim gerichtlichen Anerkenntnis aber fällt dieser Gesichtspunkt deswegen gänzlich fort, weil durch die abgegebene Erklärung dem Gegner niemals ein Nachteil erwachsen kann. Er erlangt vielmehr gerade das, was seinen Interessen am meisten entspricht, nämlich die Möglichkeit einer sofortigen Verurteilung des Anerkennenden. Da aber das Urteil nur auf besonderen Antrag der Gegenpartei erfolgt, darf dieser nicht die rechtliche und tatsächliche Möglichkeit abgeschnitten werden, von dem erfolgten Anerkenntnis Mitteilung zu erhalten. Dazu ist es aber nicht erforderlich, daß die Erklärung ihr gegenüber abgegeben wird, es genügt, wenn sie auf solche Weise Kenntnis erhält, daß sie die Möglichkeit zur Stellung des Antrages hat. Das geschieht aber in der Weise, daß die Anerkenntniserklärung in der münd-

[1] Wie im römischen Zivilprozeß, vgl. Bayer, Vorträge über den gem. Zivilprozeß S. 706.

lichen Verhandlung, also bei möglicher Anwesenheit des Gegners, sowie durch Mitteilung im vorbereitenden Schriftsatz, erfolgt. Endlich schreibt § 160 Abs. 2 Nr. 1 ZPO. vor, daß das Anerkenntnis von Amtswegen in das Sitzungsprotokoll aufzunehmen ist. Eine Abschrift des Protokolls kann jede Partei gemäß § 299 Abs. 1 ZPO. verlangen.

Mangels jeder Andeutung im Gesetz ist daher die Anerkenntniserklärung nicht auch gegenüber der anderen Partei abzugeben. So auch die einstimmige Ansicht in der Literatur.[1]

Daraus ergibt sich schon, daß eine Annahme der Erklärung vom Gegner nicht erforderlich ist. — Da aber das Gericht allein begriffsnotwendig Adressat der Erklärung ist, so kann diese auch in Abwesenheit der Gegenpartei gültig abgegeben werden.[2]

Damit ist der Tatbestand und sind zugleich die Voraussetzungen für das Anerkenntnis im Sinne des § 307 ZPO. gegeben. Es ist eine einseitige, mündliche Erklärung des Beklagten, bzw. Widerbeklagten, gegenüber dem Gericht in der mündlichen Verhandlung.

Es erhebt sich nun die Frage, was ist Gegenstand dieser Erklärung, was wird anerkannt.

II. Gegenstand des Anerkenntnisses.

a) Abgrenzung gegenüber verwandten Akten.

Der Beklagte kann sich auf das Vorbringen des Klägers in verschiedener Weise einlassen. Entweder er bestreitet einzelne oder sämtliche Tatsachen, dann ist der Kläger genötigt, soweit er beweislästig ist, dieselben zu beweisen, oder aber der Beklagte gesteht einzelne Tatsachen zu. In diesem Falle liegt ein Geständnis vor, der Kläger braucht die eingestandenen Tatsachen

---

[1] Vgl. Gaupp-Stein zu §§ 307, 306; Hoffmann S. 38; Hegler S. 52; Ziemssen S. 11; Planck S. 321, 329; Hellmann S. 265; Struckmann-Koch, Kom. zu § 307 Nr. 1.

[2] Siehe hierüber die vorhergehenden Zitate. Anderer Ansicht v. Canstein in ZZP. Bd. 1 S. 326, 329.

nicht mehr zu beweisen (§ 288 ZPO.). Dagegen bleibt die rechtliche Bedeutung, welche die eingestandene Tatsache für die Urteilsgrundlage hat, der richterlichen Prüfung vorbehalten. Der Beklagte kann aber nicht bloß Tatsachen, er kann auch den gegen ihn erhobenen Anspruch in seiner Totalität zugeben, ihn als richtig anerkennen. Dies ist der Fall des Anerkenntnisses im Sinne des § 307 ZPO. Der Prozeß ist dadurch zu einem streitlosen geworden. Während beim Geständnis sich immer nur ein Teil des Prozesses erledigt, hört beim Anerkenntnis jeder Streit völlig auf.

Möglich ist aber auch, daß der Beklagte sämtliche klagebegründenden Tatsachen zugesteht, gleichwohl sich nicht unterwirft. Er knüpft an die zugestandenen Tatsachen andere Rechtsfolgen, wie der Kläger sie für sich in Anspruch nimmt. Dann bleibt immer noch eine richterliche Tätigkeit notwendig: die Denkoperation, ob das materielle Recht an die vorgebrachten und zugestandenen Tatsachen die Folgen knüpft, welche der Kläger für sich beansprucht. Auch in diesem Falle handelt es sich um ein Geständnis. Beim Anerkenntnis dagegen ist der Richter selbst dieser Denkoperation überhoben, die Partei ist ihm zuvorgekommen, sie erklärt den Anspruch, so wie er vorgebracht, für berechtigt. Jede weitere richterliche Prüfung ist ausgeschlossen: der Beklagte ist auf Antrag seinem Anerkenntnisse gemäß zu verurteilen.

Es ist endlich noch eine dritte Art der bejahenden Einlassung möglich:

A. behauptet in einem verwickelten Erbrechtsfalle Erbe zu sein und verlangt von B. ein diesem vom Erblasser gegebenes Darlehn von 1000 Mark zurück. In dem anhängig gewordenen Prozesse antwortet der Beklagte, um eine langwierige Beweisaufnahme abzuschneiden, er gebe zwar die Erbenqualität des Klägers zu, habe aber das Darlehn längst zurückbezahlt. Hier liegt in dem Zugeben weder ein Geständnis noch ein Anerkenntnis des geltend gemachten Anspruchs. Das letztere um deswillen nicht, weil der Beklagte ja gerade bestreitet, daß der klägerische Anspruch besteht. Erst dann ist ein Anerkenntnis gegeben, wenn der Beklagte etwa nach für ihn ungünstig verlaufener Beweisaufnahme erklärt, er wolle nunmehr den ganzen Anspruch anerkennen. Ein Geständnis kommt schon aus dem Grunde nicht in Frage, weil nicht eine Tatsache, auch nicht ein Komplex von Tatsachen, sondern ein ganzes Rechtsverhältnis zugestanden wird.

Oder folgender Fall:

Der Beklagte antwortet, er erkenne zwar an, daß er schuldig sei, dem Kläger 1000 Mark zu zahlen, das angerufene Gericht sei aber unzuständig, weil die Zuständigkeit eines Schiedsgerichts vereinbart sei.

Dadurch erkennt der Beklagte den Anspruch des Klägers zwar an sich an, erhebt aber prozessuale Einreden. Daß auch in diesem Fall kein Anerkenntnis im Sinne des § 307 ZPO. vorliegt, ergibt sich daraus, daß auf Grund eines solchen Anerkenntnisses, eine sofortige Verurteilung diesem Anerkenntnisse gemäß gar nicht erfolgen kann. Der Beklagte unterwirft sich nicht schlechthin dem klägerischen Verlangen, beantragt im Gegenteil Abweisung der Klage.

Noch weniger kann ein Geständnis in Frage kommen, da der Beklagte sich über die einzelnen Tatsachen gar nicht äußert. Diese Erklärung ist vielmehr eine Zwischenart zwischen Geständnis und Anerkenntnis. Am nächsten ist sie dem letzteren verwandt und unterscheidet sich nur dadurch, daß sie ein Weniger wie das volle Anerkenntnis darstellt. Jene Art der Einlassung bezeichnet man als Anerkenntnis von Rechtsverhältnissen. Welche Bedeutung und Wirkung diesem Akt zukommt, ist bei den Wirkungen des Anerkenntnisses zu erörtern. Wir haben hier nur soviel festzustellen, daß das Anerkenntnis von Rechtsverhältnissen nicht identisch ist mit dem Anerkenntnis im Sinne des § 307 ZPO., und daß ihm nicht die Wirkung des nachfolgenden Anerkenntnisurteils zukommt. Im übrigen ist schon jetzt hervorzuheben, daß das Anerkennen von Rechtsverhältnissen nicht schlechthin bedeutungslos ist, wenngleich es im Gesetz nicht geregelt ist.

Die vorstehenden Erörterungen ergeben: Gegenstand des Anerkenntnisses im Sinne des § 307 ZPO. sind nicht Tatsachen, nicht einzelne Rechtsverhältnisse, nicht der Klaganspruch an sich.

Nach der positiven Seite ist damit aber noch keineswegs ein Resultat gewonnen.

b) Kritik der herrschenden Theorien.

Über die Frage, was Gegenstand der Anerkenntniserklärung ist, stehen sich die verschiedensten Ansichten gegenüber.[1] Sie lassen sich vornehmlich in drei Hauptgruppen scheiden. Nach der einen Ansicht wird das vom Kläger behauptete materielle Recht, und zwar entweder nur der Leistungsanspruch des § 194 BGB.,[2] oder jedes vom Kläger dargelegte Rechtsverhältnis, über das er Entscheidung verlangt,[3] anerkannt.

Eine andere Ansicht geht dahin, daß unter Anspruch der rein abstrakte Antrag, das petitum, losgelöst von dem zugrunde liegenden materiellrechtlichen Anspruch, zu verstehen sei.[4]

Eine dritte Ansicht endlich faßt als Gegenstand des Anerkennens den Rechtsschutzanspruch ins Auge. So besonders Wach, Handbuch I S. 297: wenn die ZPO. von geltend gemachtem oder erhobenem Anspruch rede, so meine sie damit den Rechtsschutzanspruch.

Die grundsätzliche Verschiedenheit der angeführten Theorien basiert in erster Linie auf der variierenden Interpretation des Wortes „Anspruch" in § 307. Eine Definition dieses Begriffes gibt die ZPO. bedauerlicherweise nicht, obwohl sie ihn nicht nur beim Anerkenntnis, sondern in zahlreichen anderen — im ganzen 58 — Fällen, verwendet.[5] Um diese Lücke auszufüllen, ist man, wie auch bei anderer Gelegenheit, sehr schnell mit Übernahme der Vorschriften des bürgerlichen Rechts in das Prozeßrecht bei der Hand. Der geläufige Anspruchsbegriff des § 194 BGB. wird ohne Schwierigkeit in die ZPO. hineingetragen und so auf alle die Fälle angewendet, wo diese das Wort Anspruch gebraucht. Begünstigt wird diese Auslegung noch dadurch, daß die ZPO. tatsächlich in einigen Fällen von Anspruch redet,

---

[1] Ausführliche Übersicht bei Hegler S. 5—18.

[2] So Planck, siehe die Stellen bei Hegler S. 5 Anm. 4.

[3] Hellwig, Anspr. u. Kl. S. 156ff.; Weismann, Lehrb. I. S. 357.

[4] Vgl. die Zitate bei Hegler S. 17 Anm. 1.

[5] Eine genaue Aufstellung gibt Wach, Handbuch I S. 293 Anm. 22.

wo sie ausschließlich die privatrechtliche Forderung auf eine Leistung bezeichnen will.[1] Dagegen hat aber bereits Wach[2] nachgewiesen, daß die Bedeutung des Wortes Anspruch durchaus keine einheitliche ist, vielmehr in verschiedenstem Sinne aufgefaßt werden will. So unterscheidet Wach[2] im Sprachgebrauch der ZPO.

1. Anspruch = ziviles, befriedigungsbedürftiges Recht,
2. Anspruch = Beanspruchtes, Petitum,
3. Anspruch = Rechtsschutzanspruch.

Hieran ist jedenfalls so viel richtig, daß die ZPO. einen einheitlichen Anspruchsbegriff nicht kennt. Es wäre demnach verfehlt, einen solchen Begriff als existent vorauszusetzen, und auf dieser Grundlage den Gegenstand des Anerkenntnisses zu bestimmen. Vielmehr muß die Untersuchung von Grund aus erfolgen und so zu dem Resultat gelangen, was unter Anspruch in diesem Spezialfall zu verstehen ist.

1. Wenn wir unter dem angegebenen Gesichtspunkte die verschiedenen Theorien über den Gegenstand des Anerkenntnisses betrachten, so ergibt sich ohne Bedenken, daß die Anerkenntniserklärung sich nicht auf den materiellrechtlichen Anspruch beschränkt.[3]

Denn darin herrscht Einstimmigkeit, nicht bloß bei Leistungsklagen — nur diesen liegt ein Anspruch im Sinne des § 194 BGB. zugrunde — sondern auch bei Feststellungs- und Rechtsgestaltungsklagen ist ein Anerkenntnis statthaft. Dementsprechend faßt eine Variation dieser Theorie den Begriff Anspruch weiter, über das Gebiet des Leistungsanspruchs hinaus, und versteht darunter das materielle Rechtsverhältnis schlechthin, welches dem Klagebegehren zugrunde liegt.

Auch das ist unrichtig. Wenn der Beklagte den Klaganspruch an sich zugibt, aber prozessuale Einwendungen erhebt, so erkennt er zwar das materielle Rechtsverhältnis in vollem

---

[1] Z. B. §§ 146, 854, 916 ZPO.

[2] Handbuch I S 293.

[3] Gaupp-Stein, Kom. zu §§ 306, 307, ferner Wach im Arch f. ziv. Praxis Bd. 64 S. 254.

Umfange an, verlangt aber gleichwohl Abweisung der Klage, er unterwirft sich nicht streitlos dem klägerischen Verlangen. Hier liegt zwar eine Erklärung des Anerkennens vor, nur ist es nicht das in § 307 ZPO. gemeinte Anerkenntnis, sondern das, was wir oben mit Anerkennung von Rechtsverhältnissen bezeichneten. Denn das ist zweifellos und unbestreitbar, § 307 ZPO. setzt eine solche Erklärung voraus, die an sich genügen muß, eine Verurteilung ohne Streitentscheidung herbeizuführen, er setzt voraus, daß ein Streit der Parteien überhaupt nicht mehr vorhanden ist. Es muß zu einer Verurteilung nur noch, soweit es an ihr liegt, eines Anstoßes seitens der Partei bedürfen.

2. Nicht minder ist die zweite Ansicht zu verwerfen, welche zu der vorgenannten in scharfem Gegensatz steht: nicht der bestimmte, behauptete materiellrechtliche Anspruch soll Gegenstand des Anerkenntnisses sein, sondern der abstrakte Klagantrag an sich: Zahlung von 1000 Mark. Demgegenüber hat Hegler[1] schon darauf hingewiesen, daß in § 253 ZPO., wo die Erfordernisse der Klageschrift aufgezählt werden, der erhobene Anspruch dem Klagantrag als etwas begrifflich Verschiedenes gegenübergestellt sei, also, folgert Hegler, könne man nicht Anspruch, wenigstens nicht im Sinne von erhobenem oder geltend gemachtem Anspruch, gleich Antrag setzen.

Ich möchte noch folgendes hinzufügen: Wenn lediglich der Klagantrag anerkannt würde, so müßte es genügen, wenn der Kläger seinen Antrag auf Zahlung von 1000 Mark vorträgt, bzw. verliest, und darauf der Beklagte, ohne daß der Kläger seinen Antrag begründet, anerkennt. Dann läge aber ein Anerkenntnis ohne mündliche Verhandlung vor, denn die Verlesung oder der Vortrag des Antrags ist noch keine Verhandlung. Zweitens würde, falls Kläger den Antrag stellt, ein Urteil gegen den Beklagten ergehen, das gar nicht erkennen ließe, um welchen Anspruch es sich handelt. Der Kläger könnte also getrost von neuem auf Zahlung von 1000 Mark klagen, diesmal unter Hervorhebung des bestimmten, wirklichen Grundes, etwa aus dem Kaufvertrage vom 1. Mai 1905. Er brauchte dabei nicht eine Ab-

[1] A. a. O. S. 17.

weisung wegen rechtskräftig entschiedener Sache zu befürchten, denn das erste Urteil entscheidet nicht über den Anspruch aus dem Kaufvertrage vom 1. Mai 1905, sondern nur über den abstrakten Anspruch auf Zahlung von 1000 Mark. Drittens, der Kläger könnte beispielsweise den versprochenen Lohn für einen begangenen Mord einklagen, der Beklagte erkennt an, der Richter muß verurteilen, weil der abstrakte Anspruch, nicht der angebliche Anspruch aus einem verbotenen Rechtsgeschäft, anerkannt wird. Oder A. verpflichtet sich, in einem anhängigen Zivilprozesse zugunsten des B. einen Meineid zu leisten. Im Schwurtermin sagt A. entgegen der Verabredung die Wahrheit aus, B. verliert dadurch den Prozeß und hat einen Schaden von 2000 Mark. Jetzt klagt B. gegen A. auf Schadensersatz wegen Vertragsverletzung. A. erkennt, um seine ursprüngliche Absicht nicht an die Öffentlichkeit zu bringen, den Anspruch an. Zweifellos wird er nach jener Theorie verurteilt werden müssen.

Derartige Beispiele lassen sich nach Belieben vermehren; daß sie im Resultat nicht dem Prozeßzweck, sondern einem Spitzbubenrecht entsprechen, bedarf keiner weiteren Ausführung.

In der Tat enthalten denn auch die Gerichtsformulare für Protokolle bei Anerkenntniserklärungen stets den Vordruck: Der Kläger trug (bzw. verlas) den Antrag aus der Klageschrift und das Streitverhältnis vor. Der Beklagte erkannte den Anspruch an. Das Formular für Anerkenntnisurteile lautet ebenfalls: Der Kläger hat auf Grund der Behauptung, daß ... beantragt. ... Der Beklagte erkannte den Anspruch an.[1] Daraus erhellt zur Genüge, daß in der Praxis stets der Grund des Anspruchs angegeben werden muß.

Damit dürfte auch diese Ansicht, welche Anspruch dem abstrakten Klagantrag gleichstellt, widerlegt sein.

3. Die letzte, zumeist vertretene, Ansicht begreift als Gegenstand des Anerkenntnisses den sogenannten Rechtsschutzanspruch. Dabei wird der Begriff Rechtsschutzanspruch als ein positiv feststehender, allgemein anerkannter, hingestellt. Das

---

[1] Unrichtig das Formular bei Stein-Schmidt, Aktenstücke zur Einführung in das Prozeßrecht S. 96.

ist aber durchaus nicht der Fall. Der Rechtsschutzanspruch ist eine reine Abstraktion, eine Chamäleonnatur, die sich bald in dieser, bald in jener Gestalt zeigt. Zuerst von LABAND, Staatsrecht § 84, angedeutet, wurde er von WACH[1] des näheren nachzuweisen versucht. Nach ihm ist es der öffentlichrechtliche Anspruch gegen den Staat auf ein dem Kläger günstiges Urteil. Ob er besteht, soll erst durch den Prozeß festgestellt werden. Besteht er, so muß der Staat dem Verlangen auf günstiges Urteil stattgeben, den Beklagten verurteilen; besteht er nicht, so wird der Rechtsschutz versagt, der Kläger abgewiesen. Die Auffassung WACHS ist seitdem in immer mehr zunehmendem Kreise anerkannt.[2] Daneben sind zahlreiche Modifikationen vertreten, so das publizistische Klagrecht HELLWIGS,[3] der Urteilsanspruch LANGHEINEKENS.[4] Ersterer begreift unter Rechtsschutzanspruch das öffentliche Recht gegen den Staat auf Urteil, d. h. auf Urteilen schlechthin, gleichviel ob günstig oder ungünstig; dieser das Klagrecht in Beziehung auf den Inhalt des Urteils.

Wenn nun als Gegenstand des Anerkenntnisses der Rechtsschutzanspruch bezeichnet wird, so ist es klar, daß nicht das HELLWIGsche Klagrecht, oder der Urteilsanspruch LANGHEINEKENS anerkannt werden kann — damit ist noch nicht der konkrete Anspruch auf Verurteilung in bestimmtem Sinne anerkannt —, vielmehr kann nur der Rechtsschutzanspruch, wie ihn WACH auffaßt, gemeint sein. Die Frage, ob dieser Gegenstand des Anerkenntnisses ist, hängt notwendig von der Voraussetzung ab, ob ein solcher Rechtsschutzanspruch tatsächlich existiert, andernfalls kann er nicht anerkannt werden.

Über die Existenz des Rechtsschutzanspruchs ist viel, mit mehr oder weniger Überzeugungskraft, geschrieben. Man könnte die juristischen Schriftsteller einteilen in solche, die darüber geschrieben, und solche, die nicht darüber geschrieben haben. Die gewichtigsten Einwände gegen den Rechtsschutzanspruch rühren

---

[1] Handbuch I S. 19 und ferner im „Feststellungsanspruch".

[2] Siehe die Übersicht bei LANGHEINEKEN S. 11ff. und DEGENKOLB, Beitr. S. 1ff.

[3] HELLWIG, Anspr. u. Kl. S. 145.

[4] LANGHEINEKEN, Der Urteilsanspruch, 1899.

von Bülow,[1] Weismann[2] und Degenkolb[3] her. Sie lassen sich dahin zusammenfassen: das Gericht urteile nicht auf Grund einer außerhalb des Prozesses liegenden Pflicht in bestimmter Richtung, sondern diese Pflicht ergäbe sich erst im Prozesse selbst; solange der Prozeßstoff nicht vorgebracht sei, könne eine Pflicht und also auch ein Anspruch nicht existieren.

Meines Erachtens liegt der Schwerpunkt in folgendem:

Urteilen kann das Gericht nur auf Grund seiner inneren Erkenntnis, seiner eigenen Überzeugung und, falls die Entscheidung von dem Ergebnis einer Beweisaufnahme abhängt, nach freier richterlicher Beweiswürdigung — abgesehen von den Ausnahmefällen, in denen die richterliche Überzeugung ausgeschaltet und eine formale Wahrheit kraft Gesetzes hinzunehmen ist —. Die Überzeugung ist aber etwas durchaus Subjektives, und gerade von diesem subjektiven Moment hängt es ab, ob der Richter das dem Kläger günstige Urteil zuzusprechen verpflichtet ist.

Mithin müßte der Rechtsschutzanspruch darauf gerichtet sein, daß die richterliche Überzeugung im Sinne des Klägers ausfällt. Das ist aber ein innerer Widerspruch. Der Kläger kann nur beanspruchen, daß der Richter nach seiner Überzeugung urteile, nicht kann sich dieser Anspruch auf die inneren Denkvorgänge des Richters erstrecken. Einen Rechtsschutzanspruch könnte man nur annehmen, wenn der Kläger ein objektiv richtiges Recht, ein Recht, was der Natur der Lebensbeziehungen innewohnt,[4] beanspruchen könnte. Er kann aber nur das Recht verlangen, was der Staat für Recht hält, was er durch seine Organe, die Gerichte, in jedem einzelnen Fall für Recht halten will. [Daß in einem Rechtsstaate nur das gewollt werden kann, was mit dem Volksbewußtsein darin übereinstimmt, was Recht ist, ist selbstverständlich.] Mit anderen Worten: das Gericht ist nicht verpflichtet, den Rechtsschutzanspruch für gegeben zu halten, weil er tatsächlich besteht, sondern umgekehrt, weil und

[1] In ZZP. Bd. 31 S. 191.

[2] Lehrbuch Bd. I S. 68.

[3] Beiträge S. 1 ff.

[4] Was z. B. annehmen: L. Lothmar, „vom Rechte, was mit uns geboren“ und Stammler in seiner „Lehre vom richtigen Recht“.

wenn das Gericht ihn für berechtigt erklärt, besteht er, eher nicht. Daraus folgt: Der Rechtsschutzanspruch gegen den Staat wird nicht eher existent, als bis ihn der Staat als solchen festgestellt hat. Da aber die Feststellung immer erst im Urteil selbst getroffen wird, so gäbe es theoretisch einen Anspruch auf günstiges Urteil erst im Augenblick des Urteils. Im selben Moment ist aber der Anspruch befriedigt, da sein Gegenstand, das Urteil, vorhanden ist. Auf diese Weise hat der Anspruch sich selbst vernichtet, noch ehe er zur Entstehung gelangt ist. Nur dann wäre ein Rechtsschutzanspruch in bestimmter Richtung gegeben, wenn die Entscheidung über das Bestehen desselben und die Verurteilung des Beklagten zeitlich auseinanderfiele, wenn das Gericht zunächst — etwa durch Zwischenurteil — feststellte, der Anspruch des Klägers auf Verurteilung des Beklagten besteht nach meiner Überzeugung, und erst dann den Beklagten verurteilte. Da aber diese Feststellung gleichzeitig mit der Verurteilung zusammenfällt, so bleibt für den Rechtsschutzanspruch kein Raum.

Daraus folgt: der Rechtsschutzanspruch, im Sinne von Anspruch auf günstiges Urteil, ist ein Unding. Es bleibt von ihm nichts weiter übrig als der Anspruch gegen den Staat auf Urteilen schlechthin, der nicht geleugnet werden soll.[1] Dies ist aber ein öffentlichrechtlicher Anspruch wie jeder andere auch, kein spezifisch prozessualer.

Mit der Ablehnung eines Rechtsschutzanspruchs gegen den Staat stimmt auch das Allgemeinbewußtsein und der Sprachgebrauch überein. Nicht der Rechtsschutzanspruch ist Gegenstand des Prozesses, nicht fragt sich der Richter, bin ich verpflichtet, ein dem Kläger günstiges Urteil zu erlassen, sondern ist der Kläger berechtigt, vom Beklagten zu verlangen, was ich durch Urteil aussprechen soll. Der Rechtsstreit besteht nicht zwischen Kläger und Gericht, nicht zwischen ihnen ist etwas

[1] Die Frage, ob es überhaupt einen öffentlichrechtlichen Anspruch gegen den Staat gibt, ist jetzt allgemein in bejahendem Sinne anerkannt, vgl. Jellinek, System der subjektiven öffentlichen Rechte 1905. — A. M. Kohler, Prozeß als Rechtsverhältnis; Kisch, Deutsches Zivilprozeßrecht Bd. I S. 10, 14, 16f.; ähnlich Degenkolb, Beitr. S. 18.

streitig, sondern zwischen Kläger und Beklagtem. Es würde dem Kläger wenig damit gedient sein, wenn das Gericht feststellte, der Rechtsschutzanspruch gegen den Staat, ein günstiges Urteil zu verlangen, besteht zu Recht. Damit würde der Staat sich selbst als verpflichtet bekennen. Der Anspruch gegen den Staat, zu urteilen schlechthin, ist vielmehr etwas durchaus Unbewußtes und Sekundäres, daran denkt der Kläger überhaupt nicht, er faßt es als eine selbstverständliche Pflicht des Staates auf, den vorgebrachten Rechtsstreit zu entscheiden.

Auch die ZPO. hat den Begriff des Rechtsschutzanspruchs bei ihrer Revision (1898) nicht angenommen, obwohl dieser damals im Brennpunkt aller prozeßwissenschaftlichen Forschung stand.

Aus alledem folgt, um es nochmals zu betonen, es gibt keinen Rechtsschutzanspruch gegen den Staat auf günstiges Urteil. Folglich kann er auch nicht Gegenstand der Anerkenntniserklärung sein.

Jedenfalls aber wäre dieser Rechtsschutzanspruch ein öffentlichrechtlicher, der als solcher einer privatrechtlichen Anerkennung nicht unterliegen könnte.

c) Die diesseits vertretene Ansicht.

Anerkannt wird vielmehr das materielle Rechtsverhältnis, über welches der Kläger Entscheidung verlangt, aber in der Form, wie es geltend gemacht ist, als Teil des Prozesses. Damit soll gesagt werden: nicht wird anerkannt das materielle Rechtsverhältnis an sich, nicht der abstrakte Klagantrag, das Begehren schlechthin, sondern das in die Form des prozessualen Verlangens eingekleidete Rechtsverhältnis.

Man könnte, zunächst bezüglich des materiellen Rechtsverhältnisses, einwenden: wie aber, wenn der Beklagte erklärt, ob die Kaufpreisforderung von 100 Mark bestehe, wolle er ganz dahingestellt sein lassen, er wolle sich aber doch dem klägerischen Verlangen unterwerfen. Oder aber der Beklagte antwortet geradezu, er sei der festen Überzeugung, daß die Forderung des Klägers nicht, oder wenigstens nicht in dieser Höhe, bestehe, er wolle aber gleichwohl, um sich den Ärger eines langwierigen Prozesses zu ersparen, den Anspruch voll anerkennen.

Niemand wird bezweifeln, daß in beiden Fällen ein vollgültiges Anerkenntnis vorliegt, daß der Richter auf Antrag verurteilen muß. Das Gegenteil würde zu der Konsequenz führen. daß eine Prüfung des Anspruchs stattfinden muß, obwohl die Parteien das Entgegengesetzte wollen.

Daraus könnte man folgern, wenn trotz Aberkennung des materiellen Rechtsverhältnisses ein Anerkenntnis vorliegt, so ist das materielle Rechtsverhältnis nicht begriffsnotwendig Gegenstand der Anerkenntniserklärung. Ganz recht, nur ist die Prämisse falsch. Wenn der Beklagte erklärt: die Forderung des Klägers besteht zwar nicht, ich will aber dennoch den Anspruch anerkennen, so heißt das weiter nichts, als: obwohl die Forderung nicht besteht, will ich doch, daß sie als bestehend angesehen wird, es soll nicht darauf ankommen, daß die Forderung in der Tat nicht besteht, vielmehr will ich, daß sie so behandelt wird, als ob sie bestände. Daraus geht schon hervor, die Aussage des Beklagten über das Bestehen des Anspruchs an sich ist irrelevant, maßgebend ist der Wille des Beklagten, über den Prozeßstoff zu disponieren, ein Satz, dessen Richtigkeit des näheren unten nachgewiesen werden wird.

Für die vorliegende Frage folgt daraus: das Anerkenntnis des Anspruchs ist trotz theoretischer Verneinung des materiellen Rechtsverhältnisses ein Anerkennen gerade dieses materiellen Rechtsverhältnisses. Denkbar — wenigstens begrifflich — wäre indessen auch der Fall, daß der Beklagte erklärt, ich will nicht, daß der materielle Anspruch als bestehend angesehen wird, ich will mich aber doch dem klägerischen Verlangen unterwerfen. Hier trage ich kein Bedenken, ein Anerkenntnis sowohl in seiner rechtlichen Wirkung, wie auch in seiner Existenz, zu verneinen. Das hieße nichts anderes als: den Anspruch aus dem Kaufvertrage vom 1. Mai 1905 erkenne ich nicht an, wohl aber den Anspruch auf Zahlung von 100 Mark. Der individuelle Anspruch wird negiert, der abstrakte anerkannt. Zu welchen Konsequenzen dies führt, wurde oben (S. 13, 14) bereits erwähnt. Die ZPO. kennt keine abstrakten Ansprüche, sie kennt nur individuell bestimmte. So verlangt § 253 Nr. 2 ZPO. als wesentliches Erfordernis der Klage „die bestimmte Angabe des Gegenstandes und des Grundes des erhobenen Anspruchs“.

Somit ergibt sich: das materielle Rechtsverhältnis ist notwendig Gegenstand des Anerkenntnisses; doch, wie gleich hinzugefügt werden muß, nicht dieses allein. Wenn der Beklagte das materielle Rechtsverhältnis vollständig als zu Recht bestehend anerkennt, aber prozessuale Einreden geltend macht, so handelt es sich nur um eine Anerkennung von Rechtsverhältnissen, nicht um ein Anerkenntnis. Eine Verurteilung dem Anerkenntnisse gemäß kann schlechterdings nicht erfolgen. In diesem Fall liegt ein streitloses Unterwerfen gar nicht vor, vielmehr wird der Beklagte geradezu Abweisung der Klage beantragen. Deshalb stellten wir oben den Satz auf: Gegenstand des Anerkenntnisses ist das in prozessuale Form gekleidete materielle Rechtsverhältnis. D. h., nicht bloß das materielle Rechtsverhältnis als solches muß anerkannt werden, sondern sämtliche Vorbedingungen, von denen der Sieg des Klägers abhängt. Hierzu gehören aber auch zweitens die prozessualen Formerfordernisse. Denn soviel ist sicher, das Obsiegen des Klägers ist nicht schon mit dem Vorhandensein der materiellen Rechtsbeziehungen gegeben. Vielmehr muß sein Vorgehen sich unter Einhaltung der prozessualen Vorschriften bewegen, beispielsweise der Normen über die Art und Weise der Klageinlegung, der Prozeßfähigkeit, der Zuständigkeit des angerufenen Gerichts. Tut er dies nicht, so ist sein prozessuales Verlangen mangelhaft, bzw. in dieser Form unstatthaft. Nun gibt es teils Mängel des Prozeßverfahrens, die durch Genehmigung der Gegenpartei beseitigt werden können, teils solche, die unheilbar und von Amtswegen zu berücksichtigen sind, oder wie das Gesetz sich ausdrückt, es gibt verzichtbare und unverzichtbare Mängel (§ 295 ZPO.). Wenn nun der Beklagte den geltend gemachten Anspruch anerkennt, so liegt darin zugleich eine Genehmigung aller etwa mangelhaften Prozeßhandlungen, denn er hat durch sein Anerkenntnis zu verstehen gegeben, daß er mit dem klägerischen Verlangen in der geltend gemachten Form einverstanden ist. Diejenigen Mängel dagegen, welche von Amtswegen zu prüfen und unheilbar sind, kann der

Beklagte nicht genehmigen, sie bilden somit nicht den Gegenstand der Anerkenntniserklärung.

Für die Frage, auf welche Vorschriften verzichtet und auf welche nicht verzichtet werden kann, ist es entscheidend, ob diese nur oder vorwiegend das Privatinteresse schützen sollen, oder ob der Staat ein Interesse an deren Befolgung hat. Mangels einer gesetzlichen Regelung ist diese Prüfung in jedem einzelnen Fall vorzunehmen. So sind beispielsweise die Vorschriften über Besetzung des Gerichts, Mündlichkeit, Öffentlichkeit des Verfahrens, unverzichtbar, dagegen sind die Bestimmungen über Beeidigung von Zeugen, Zuständigkeit des Gerichts — soweit es sich nicht um absolute Zuständigkeit handelt — dem Verzicht der Partei unterworfen.

Damit sind aber nur diejenigen Vorschriften genannt, welche die ZPO. ausdrücklich verlangt. Hierüber hinaus können die Parteien sehr wohl unter sich vereinbaren, daß noch anderweitige Bestimmungen innegehalten werden sollen. So können sie sich dahin einigen, daß der Prozeß vor einem Schiedsgericht zu erledigen sei. Hat der Kläger diesen Vereinbarungen zuwider gehandelt, so ist die Form seines Vorgehens mangelhaft. Doch liegt es in der Hand des Gegners, auf diese Mängel zu verzichten.

Aus alledem folgt: wenn der Beklagte den Anspruch des Klägers streitlos anerkennt, so liegt darin gleichzeitig ein Verzicht auf etwa vom Kläger nicht befolgte, gesetzliche wie vertragliche, Prozeßvorschriften, deren Nichtbefolgung er hätte rügen können. Der Beklagte muß das vom Kläger eingeschlagene Prozeßverfahren in allen Punkten genehmigen, soweit er überhaupt mitzusprechen hat. Selbstverständlich aber braucht er nicht ausdrücklich zu erklären, er sei mit dem klägerischen Vorgehen auch in prozessualer Beziehung einverstanden, ebensowenig wie der Kläger ausdrücklich hervorzuheben braucht, er habe sämtliche Prozeßvorschriften richtig befolgt. Man wird vielleicht einwenden, daran denke aber der Beklagte gar nicht, von den prozessualen Vorschriften, welche er rügen könne, wisse er meistens nichts. Gewiß wird der Beklagte in den häufigsten Fällen, besonders bei der großen Anzahl der Leistungsklagen, seiner Erklärung nach nur den materiellen Forderungsanspruch anerkennen. Aber indem er die Forderung als eine im Prozeß geltend gemachte Forderung anerkennt, ist er zugleich damit einverstanden, daß der Kläger auf diesem prozessualen Wege von ihm Befriedigung verlangt. Warum er damit einverstanden ist, vielleicht weil er der irrigen Ansicht ist, der prozessuale Weg sei in allen Punkten richtig, ist eine ganz andere Frage, von der das Einverständnis in seinem Bestande nicht abhängig ist. Daß ein solches Einverständnis in prozessualer Hinsicht vorhanden sein muß, geht unwiderleglich daraus hervor, daß im gegenteiligen Falle, also bei Erhebung von Prozeßeinreden, ein Anerkenntnis nicht vorliegt. Der Umstand, daß dies Einverständnis nicht ausdrücklich erklärt wird, steht dem Vorhandensein desselben nicht entgegen. Denn normalerweise muß der Beklagte, der den klägerischen Anspruch ohne irgendwelche Bemängelungen anerkennt, mit der prozessualen Durchführung des Anspruchs einverstanden sein. Die im Zivilprozeß beklagte Partei weiß ganz genau, welche Wirkungen ihr abgelegtes Anerkenntnis hat, sie weiß, daß sie verurteilt werden wird, wenn sie sich nicht wehrt. Wehrt sie sich nicht, im bewußten Hinblick auf die Folgen, so liegt darin ein uneingeschränktes, wenn auch stillschweigendes Einverständnis mit dem ganzen klägerischen Vorgehen. Wie aber schon hervorgehoben, kommt dieser Genehmigung nur insoweit Wirkung zu, als der Beklagte überhaupt etwas zu genehmigen hat. So kann er, wenn der Kläger auf Feststellung klagt, nicht das rechtliche Interesse des Klägers an der alsbaldigen Feststellung anerkennen, jedenfalls ist das Anerkenntnis insoweit bedeutungslos. Diese Vorbedingung ist im staatlichen Interesse geschaffen. Der Staat will nur Rechtsschutz erteilen, wo ein schutzbedürftiges Interesse vorliegt. Also kann die Partei nicht darüber disponieren, ob sie ein solches Interesse für gegeben halten will. Insoweit es sich also um Prozeßvorschriften handelt, auf die der Beklagte wirksam nicht verzichten kann, ist ein Anerkenntnis hierüber bedeutungslos. Der Beklagte könnte vielmehr ausdrücklich erklären, er erkenne den Anspruch an, dagegen bestreite er, daß ein rechtliches Interesse vorliege, das wäre ebenso gleichgültig, als wenn er erwiderte: ich erkenne den Klaganspruch an, dagegen nicht meine

Pflicht zur Kostentragung.[1] In beiden Fällen liegt unbestrittenermaßen ein vollwirksames Anerkenntnis vor.

Damit sind die Bedingungen für den Inhalt der Anerkenntniserklärung erschöpft. Gegenstand desselben ist das dem klägerischen Begehren zugrunde liegende Rechtsverhältnis und die Art der Geltendmachung desselben im Prozesse, soweit diese vom Beklagten bemängelt, bzw. prozessuale Einreden hiergegen geltend gemacht werden konnten.[2] Ob der Beklagte im einzelnen weiß, welche Vorschriften verzichtbar, welche Mängel er hätte rügen können, ist, um es nochmals hervorzuheben, unerheblich. Darin, daß er sich überhaupt nicht wehrt, liegt ein Anerkennen aller vom Kläger vorgenommenen Prozeßhandlungen. Begriffsnotwendig sind aber nur diejenigen prozessualen Vorschriften Gegenstand seiner Erklärung, über die er disponieren kann, darüber hinaus ist seine Erklärung rechtlich bedeutungslos.

III. Anerkenntnis als Vorstellungs- oder Willenserklärung?

a) Entwicklung und Bedeutung der Frage.

Im gemeinen Prozeßrecht wurde die bejahende Streiteinlassung des Beklagten, das Anerkenntnis und das Tatsachengeständnis, von jeher als Dispositivakt, als der Ausdruck eines Willens angesehen.[3] Diese Ansicht wurde unangefochten in die heutige Prozeßrechtswissenschaft übernommen. So erklärt WACH[4] das Geständnis (worunter Anerkenntnis und Geständnis zusammengefaßt werden) als eine „Willenserklärung, welche ohne gegnerische

---

[1] So bezügl. der Kostenpflicht ERG. vom 27.IX.1887 in JW. 1887 S. 434.

[2] Dasselbe meint GAUPP-STEIN, Kom. zu § 307, wenn er sagt, ein Anerkenntnis lege nur derjenige ab, der weder materielle noch prozessuale Einreden gegen den Anspruch erhöbe. Eine ähnliche Ansicht findet sich bei HELLWIG, Ansp. u. Kl. S. 158 u. 150, und HEGLER S. 24, abweichend ZIEMSSEN S. 72.

[3] WETZELL S. 116, 171f.: „eine durch Verzicht auf den Beweis bewirkte Disposition über das streitige Recht". Ähnlich GÖNNER S. 371, BAYER S. 710, BETHMANN-HOLLWEG S. 293ff. und die dortige Übersicht.

[4] Im ZA. Bd. 64 S. 246, ferner v. CANSTEIN in ZZP. Bd. I S. 331 „Dispositionsakt", S. 349.

Akzeptation rechtsverändernd wirkt". DEMELIUS[1] sieht darin eine Ausübung des „Rechts, der richterlichen Kognition Grenzen zu setzen". Vermöge „dieser Disposition hat der Richter . . . zu urteilen". Auch PLANCK[2] faßt, in Zusammenstellung mit dem Geständnis,[3] das Anerkenntnis als „Willenserklärung" auf, „und zwar des Inhalts, von dem Prozeßrecht der Verteidigung durch reine Verneinung keinen Gebrauch machen zu wollen", als „die Erklärung des Beklagten, den vom Kläger geltend gemachten Anspruch nicht bestreiten zu wollen".[4] Diese Auffassung des Anerkenntnisses bzw. des Tatsachengeständnisses fand allgemeinen Anklang,[5] schien sie doch die Wirkungen beider Akte am besten und natürlichsten zu erklären: die richterliche Prüfung erledige sich deshalb, weil man von einer Wahrheitsfeststellung absehen, den Anspruch, die Tatsache, unangesehen der Wahrheit, als wahr gelten lassen wolle.[6]

Demgegenüber hat speziell für das Geständnis BÜLOW in seiner 1899 erschienenen Schrift „Das Geständnisrecht" den Nachweis versucht, jenes sei nicht Dispositionsakt, sondern eine reine Wahrheitserklärung. Wenn der Beklagte eine Tatsache als richtig zugestehe, so liege darin nicht mehr und nicht weniger, als der Ausdruck der inneren Überzeugung, daß die Tatsache wahr sei. Gegenüber dieser Lehre verteidigte KISCH[7] die frühere Auffassung, indem er zum Beweise für die bisher geltende Ansicht das Anerkenntnis vergleichsweise heranzieht. Niemand, meint er, werde die Behauptung aufstellen, daß im prozessualen Anerkenntnis lediglich eine Wahrheitsbestätigung und nicht vielmehr eine Verfügung enthalten sei. Was aber vom Anerkenntnis gelte, müsse auch bei der inneren Wesensverwandtschaft für das Geständis zutreffen. Diese Anschauung hat indessen nur Anlaß zu der Frage

---

[1] Confessio S. 237. [2] Lehrbuch I S. 317.

[3] u. [4] Lehrbuch I S. 320.

[5] Fast sämtliche Kommentare zur ZPO., namentlich in den älteren Auflagen, haben diese Ansicht aufgenommen, wahrscheinlich auf Grund der „Motive", welche die gemeinrechtliche, speziell die WETZEL'sche Auffassung unverändert übernommen haben.

[6] So WACH im ZA. Bd. 64 S. 246f., 248.

[7] In den Götting. Anz. 163. Jahrg. Bd. 1 S. 206.

gegeben, ob wirklich gerade jene Voraussetzung von der dispositiven Natur des Anerkenntnisses zutreffe, und nicht auch die BÜLOWsche Lehre auf dieses auszudehnen sei. So hat besonders HEGLER,[1] von der Natur des Anerkenntnisses ausgehend, den Satz aufgestellt, Anerkennen sei nicht eine Willenserklärung, sondern eine Wahrheitsbestätigung. Die Auslegung einer Erklärung, die den Worten nach keine Willenserklärung sei, als solche, sei eine künstliche und weder durch empirische noch gesetzliche Vermutung gerechtfertigt.[2] Auch DEGENKOLB[3] wendet sich, wenn auch in kürzerer Begründung, gegen die vermeintliche Dispositivnatur des Anerkenntnisses.[4]

Damit ist ein Streit ausgegraben, der nicht allein theoretische Bedeutung hat, sondern auch praktische Konsequenzen mit sich führt. Namentlich für die Frage, ob und wieweit der Erklärende an sein Anerkenntnis gebunden ist, wird es entscheidend sein, ob er die Erklärung abgibt als bloße Vorstellung, oder ob er dadurch seinen Willen bekundet, den klägerischen Anspruch als wahr hinzunehmen, gleichviel, ob er tatsächlich wahr oder nicht wahr sei. Im ersteren Fall müßte naturgemäß der Beweis der Unwahrheit genügen, um das Anerkenntnis zu entkräften; selbst dann, wenn es im Bewußtsein der Unwahrheit abgegeben ist. Liegt aber dem Anerkenntnis eine Willenserklärung zugrunde, so kann nicht schon deswegen die Wirkung jener Erklärung aus der Welt geschafft werden, weil der Aussageinhalt mit der Wahrheit nicht übereinstimmt. Der Erklärende hat ja gerade gewollt, daß der Anspruch als wahr behandelt werde, warum er dies gewollt hat, bildet für die abgegebene Erklärung lediglich das Motiv und ist als solches hier, wie auch sonst, irrelevant. Im übrigen fällt die Ausführung dieses Punktes in den Rahmen des dritten Teils der Abhandlung.

Auch in anderer Beziehung ist eine Stellungnahme zu der Frage, ob im Anerkenntnis eine Wahrheits- oder Willenserklärung liegt, unerläßlich. Es wird praktisch in vielen Fällen eine Erörte-

---

[1] S. 133—277. [2] HEGLER S. 221. [3] Beitr. S. 152f.

[4] Ebenso HELLWIG, Lehrbuch II S. 387; dagegen neuerdings R. SCHMIDT, Lehrbuch S. 549; WALSMANN im ZA. Bd. 102 S. 201; WEISMANN, Lehrbuch I S. 102ff.

rung darüber notwendig, welche Bedeutung der Anerkennung von Rechtsverhältnissen zukommt.[1] Wenn der Beklagte das Eigentumsrecht des Klägers anerkennt, im übrigen aber durch Einreden Abweisung der Klage begehrt, so ist die Entscheidung der Frage, ob dieses Anerkenntnis rechtsbeständig oder völlig bedeutungslos ist, notwendig davon abhängig, ob die Erklärung des Beklagten eine bloße Vorstellung, ein reines Parteiurteil, oder der Ausfluß des Willens ist, über den Prozeßstoff zu disponieren. Ein Parteiurteil kann für den Richter schlechterdings nicht maßgebend sein, es kann ihn nicht der Prüfung entheben, ob das Rechtsverhältnis in der Tat besteht. Dagegen muß die richterliche Kognition, wenn die Parteien über einen bestimmten Punkt eine Entscheidung gar nicht wollen, ausgeschlossen sein, nach dem Grundsatz: ne eat judex ultra petita partium.[2]

b) Lösung der Frage.

Allen Anerkenntniserklärungen, wie sie auch lauten mögen, liegt insofern immer ein Wille zugrunde, als das Aussprechen der Worte, die Körperbewegung gewollt ist. Nur die Handlungen des willensfreien Menschen sind rechtlich bedeutsam. Deshalb sind nach § 52 ZPO. alle diejenigen von der Prozeßtätigkeit ausgeschlossen, soweit sie sich nicht durch Verträge verpflichten können. Verpflichten kann sich aber nur der Mensch, dessen Handlungen auf seine freie Selbstbestimmung zurückzuführen sind. Bloße Reflexbewegungen, Handlungen, welche spontan durch einen körperlichen Zwang hervorgerufen werden, sind, wie im Gebiete des materiellen Rechts, so auch im Prozeß rechtlich ohne Wirkung. Daß solchen Handlungen dennoch unter Umständen die gleiche Wirksamkeit zukommt, wie den gewollten, liegt daran, daß im Prozeß normalerweise alle Handlungen, alle Erklärungen gewollt sind. Sind sie es im einzelnen Fall nicht, und ist dieser Mangel des Willens nicht unzweideutig erkennbar, so wird die

[1] Siehe darüber im einzelnen unten.

[2] Bezügl. des prozessualen Geständnisses ist die Streitfrage nicht von großer Bedeutung. Der Widerruf desselben ist in § 290 ZPO. eingehend geregelt.

Handlung vorläufig als wirksam angesehen, zum Schutze der Gegenpartei, wie im Interesse der Sicherheit und Klarheit des Verfahrens. Damit ist gesagt: der Willensseite kommt im Prozeß eine weit schwächere Bedeutung zu, wie im Privatrecht, aber begrifflich vorhanden ist sie ebenso. Eine andere Frage ist, ob die vorläufig angenommene Wirksamkeit nicht durch entgegengesetzte Handlungen oder Erklärungen wieder beseitigt werden kann (Widerruf, Zurücknahme, Anfechtung).

Die Anerkenntniserklärung muß aber auch in der Hinsicht gewollt sein, als die ausgesprochenen Worte sich mit den Vorstellungen des Erklärenden decken müssen. Man muß sich des Sinnes bewußt sein, den jene Worte bei anderen hervorzurufen pflegen. Wer ein Fremdwort, einen technischen Ausdruck gebraucht, aber einen anderen Sinn damit verbindet, wie diesem allgemein beigelegt wird, hat zwar die Worte gewollt, ist sich aber ihrer Bedeutung nicht bewußt.

Das alles wird von den Anhängern der Wahrheitstheorie, d. h. von denjenigen, welche im Anerkenntnis nur den Ausdruck der inneren Überzeugung sehen, kaum bestritten. Insoweit liegt also auch dem Anerkenntnis in ihrem Sinne eine Willenserklärung zugrunde.

Es fragt sich aber, ob auch die Wirkung des Anerkenntnisses von dem Erklärenden gewollt ist, m. a. W., ob der Erklärende gerade den Erfolg, welchen das Gesetz an die abgegebene Erklärung knüpft, herbeiführen wollte. Das Wort „Anerkenntnis“ läßt weder eine Deutung nach der einen noch der anderen Seite zu. Meistens wird auch die Erklärung, wenn es sich nicht gerade um Anwaltsvertretung handelt, durch andere Wendungen ausgedrückt, so auf eine entsprechende Frage des Richters: „ja, das ist richtig“, „ich bin schuldig“, oder einfach „ja“, sehr häufig auch: „das ist ja alles richtig, ich will's auch bezahlen, habe aber jetzt kein Geld dazu“.[1] Daß hierin eine gültige Anerkenntniserklärung liegt, wird niemand bestreiten. Nun bedeuten jene Erklärungen an sich betrachtet, aus ihrem Zusammenhange losgerissen, weiter nichts als: die Klagebehauptung

---

[1] HEGLER S. 151.

ist richtig. Keine Spur von Wille, eine reine Wahrheitsbehauptung! Ganz anders aber, wenn diese Erklärung abgegeben wird im Prozeß, d. h. nicht nur: im Gerichtssaal, nicht in Gegenwart des Richters, sondern wenn der Kläger seine Klage vorträgt, seinen Antrag auf Verurteilung, Feststellung erhebt, und der Beklagte sich nun äußern soll. Er weiß, es gibt nur zwei Möglichkeiten für ihn: entweder Siegen oder Unterliegen. Von der Gegenseite ist ein Angriff auf seine Rechtsposition unternommen, an ihm liegt es, den Angriff von sich abzuwehren. Wenn jetzt der Beklagte, anstatt zu widersprechen, zu streiten, oder wenigstens zu schweigen, den Anspruch geradezu anerkennt, so liegt darin mehr als das bloße Zugestehen der Wahrheit. Sein Interesse verlangt das Gegenteil, und doch tut er etwas Positives, was von seinem freien Belieben abhängt, was seinem Selbsterhaltungstrieb widerspricht. Und darin soll kein Wille liegen? Weiß etwa der Beklagte nicht, daß seine Erklärung ihm nachteilig sein wird, sein muß? Sollte er etwa denken, der Richter werde trotz seines Anerkenntnisses den Anspruch nachprüfen? Ist es nicht vielmehr etwas durchaus Natürliches, daß, wenn eine Partei sich selbst das Urteil spricht, der Richter nicht besser den Streit schlichten kann, als wenn er dieses Anerkenntnis seiner Entscheidung zugrunde legt? Hat sich jemals ein Beklagter gewundert, daß er nach erfolgtem Anerkenntnis verurteilt ist?

Und doch, meint Hegler (S. 155), es hieße die Partei als genaue Kennerin des Gesetzes fingieren, wenn man annehme, daß ihr die prozessualen Folgen ihres Anerkenntnisses bewußt seien. Aber ist nicht seit Jahrtausenden und bei allen Kulturvölkern der Erde die Wirkung des Anerkenntnisses zum mindesten die, daß der anerkannte Anspruch, soweit er der Parteidisposition überhaupt unterliegt, dem Urteil ungeprüft zugrunde gelegt wird, und sollte diese Tatsache nicht in dem übereinstimmenden Volksbewußtsein ihren letzten Grund haben!

Es mag sein, daß es Menschen gibt, denen selbst das Natürlichste unnatürlich erscheint, die, wenn sie erklären, der vorgebrachte Anspruch des Klägers sei richtig, nicht im entferntesten daran denken, daß ihre Erklärung für die Urteilsgrundlage entscheidend sein wird. Hier aber gilt: vigilantibus jura scribuntur, das Gesetz ist nicht für die Nachtwächter geschrieben. Man macht vielmehr die Erfahrung, daß die ungebildete Partei mit ihren Erklärungen im Prozeß äußerst vorsichtig ist. Überall sieht sie Fallen, die ihr vom Gegner oder gar vom Gericht gestellt sind. Welche Mühe kostet es oft, die Partei zu einem Geständnis zu bewegen, über eine Tatsache, deren Existenz für sie gar keinen Nachteil hat! Erklärt nun aber der Beklagte geradezu, er erkenne den geltend gemachten Anspruch an, so gibt er die Erklärung ab im bewußten Hinblick auf die Wirkungen. Er will alle Folgen tragen, die eine solche Erklärung mit sich bringt. Und doch findet HEGLER (S. 155, 156) darin keine Idee von einer Willenserklärung. Sehr richtig äußert sich ALFRED SCHULTZE:[1] „Behaupten, Bestreiten, Zugestehen sind allerdings an und für sich Vorstellungsmitteilungen, Auskunftserteilungen, Wissenserklärungen. Aber wenn daran, was im Zivilprozesse der Fall ist, von Gesetzeswegen ein bestimmter Erfolg geknüpft ist, und wenn nun die Abgabe oder Nichtabgabe der Erklärung vom freien Entschlusse der Partei abhängt, dann ist die Erklärung nicht mehr bloß Vorstellungsmitteilung, sondern darüber hinaus Erklärung einer auf jenen Erfolg gerichteten Absicht, Willenserklärung.“ Über diese Logik verwundert sich HEGLER im höchsten Maße: eine Wissenserklärung werde also dadurch auf einmal zur Willenserklärung, daß an sie bestimmte rechtliche Wirkungen geknüpft seien, „wie soll das zugehen“? Ganz einfach. Eine Wissenserklärung wird nicht durch die angeknüpften Folgen zu einer Willenserklärung, sondern jene Erklärung ist in diesem Zusammenhange niemals Wissenserklärung gewesen, sie war im Hinblick auf die Folgen von vornherein Willenserklärung. Wenn A. von B. ein Bild zu kaufen beabsichtigt und erklärt: „dies gefällt mir“, so kann darin sowohl ein bloßes zu nichts verpflichtendes Urteil liegen, es kann darin aber auch eine Willensäußerung enthalten sein, jenes Bild zu kaufen. Entscheidend für das eine oder andere ist die ganze Situation und das sonstige Verhalten des Erklärenden. Beim prozessualen Anerkenntnis deutet aber alles auf eine Willenserklärung hin. Mag auch für die Erklärung die Form gebraucht sein, welche aussieht, wie eine Vorstellungserklärung.

---

[1] In ZZP. Bd. 19 S. 343.

Deutlicher noch springt die Willensnatur des Anerkenntnisses heraus, wenn der Beklagte erklärt, der Anspruch bestehe zwar nicht, er wolle aber aus naheliegenden Gründen nicht streiten, sondern sich unterwerfen. Niemand zweifelt, daß darin ein Anerkenntnis im Sinne des § 307 ZPO. liegt. Hier aber versagt die Wahrheitstheorie und muß versagen. Der Erklärende erkennt den Anspruch an, indem er gleichzeitig die Wahrheit verneint. Wo bleibt da die Überzeugung von der Wahrheit? Soll etwa der Richter dem Beklagten verbieten, diese Negation der Wahrheit hinzuzufügen, soll er ihn zwingen zu sagen, der Anspruch sei wahr, obwohl der Beklagte vom Gegenteil überzeugt ist?

Denkbar wäre auch, der Beklagte erwiderte auf eine Frage, ob der Anspruch bestehe oder nicht, wolle er ganz dahingestellt sein lassen, jedenfalls wünsche er, auf dem billigsten Wege den Prozeß los zu werden, er wolle deshalb den Anspruch anerkennen. Oder der entgegengesetzte Fall: der Rechtsanwalt der beklagten Partei antwortet nach längerer Beweisaufnahme, seiner Überzeugung nach habe der Kläger vollkommen Recht, er dürfe aber der Information seiner Partei entsprechend, ein Anerkenntnis nicht ablegen, weshalb er den Anspruch nicht anerkennen wolle. Hier liegt ein Anerkenntnis trotz Wahrheitserklärung nicht vor. Es bleibt somit vom Begriff des Anerkenntnisses nichts übrig, als der Wille sich zu unterwerfen.

Wie sollte auch die bloße Aussage einer Partei über das Bestehen eines Anspruchs von so einschneidender Wirkung für den Prozeß sein! Urteilen, Überzeugtsein ist Sache des Richters. Welches Urteil die Partei sich über den Anspruch bildet, muß gerade so gleichgültig sein, als wenn ein beliebiger Dritter erklärte: „nach meiner Meinung verhält sich die Sache so“.[1] Und warum hat nicht das außergerichtliche Anerkenntnis, welches in Gegenwart des Richters und des Gerichtsschreibers, aber nicht in der mündlichen Verhandlung, sondern beispielsweise im Wirtshaus abgegeben wird, die gleiche Wirkung wie das gerichtliche?

---

[1] Gleicher Ansicht WACH im ZA. Bd. 64 S. 247: „Die Aussage der Partei von der Wahrheit ist prozessualisch prima facie irrelevant.“

Doch nur aus dem Grunde, weil es eine unmaßgebliche gesprächsweise Äußerung ist, ohne den Willen sich dadurch dem Kläger zu unterwerfen. Nur dann, wenn im Anerkenntnis eine Willensäußerung zu erklicken ist, hat es einen Sinn, daß die Prozeßvollmacht insofern beschränkt werden kann, als es sich um ein Anerkenntnis handelt (§ 83 ZPO.). Unmöglich kann die Partei ihrem Anwalt rechtswirksam verbieten, eine bestimmte Vorstellung, die er nun einmal hat, zu äußern.

Aus alledem folgt: das Anerkenntnis ist nicht bloße Wahrheitserklärung, sondern eine in die Form der Wahrheitserklärung gekleidete Willenserklärung. Mit dieser Auffassung stimmt auch das natürliche Empfinden am besten überein. Von jeher stellt man sich den Prozeß als einen Kampf vor, in welchem der Kläger Angreifer, der Beklagte Angegriffener ist. So spricht man von Gegnern, Angriffs- und Verteidigungsmitteln, Obsieg und Niederlage. In diesem Kampf ist das Anerkenntnis das völlige Sichergeben, das Sichausliefern in die feindlichen Hände. Was ist diese Erklärung anders, als eine Willenserklärung? Wenn der Richter den Beklagten auffordert, sich auf das Vorbringen des Klägers zu äußern, so tut er dies gewiß nicht, um dessen Ansicht zu erfahren, um zu hören, welche Vorstellung er von der Sache hat, sondern um ihm Gelegenheit zu geben, über den Prozeßstoff innerhalb der Grenzen, welche das Gesetz gestattet, zu disponieren. Immer wieder folgt daraus: Anerkenntnis ist eine Willenserklärung, die Wahrheit des Anspruchs ist nur das am häufigsten vorkommende Motiv dazu.

Damit soll natürlich nicht gesagt sein, daß der anerkennenden Partei die gesetzlichen Wirkungen ihrer Erklärung im einzelnen genau bekannt, bewußt und so von ihr gewollt seien, es genügt, daß sie die Folge des Prüfungsausschlusses kannte, und im bewußten Hinblick auf diese Folge ihre Erklärung abgab. Denn gewollt sind die Folgen auch dann, wenn die Partei mit ihnen freiwillig einverstanden war.[1]

---

[1] Was hier vom Anerkenntnis gesagt ist, gilt auch entsprechend für das Geständnis. Auch dieses ist reine Willenserklärung, andernfalls müßte es ein Zeugnis in eigener Sache sein. Die Natur des Geständnisses zeigt sich auch hier an dem Fall, wo bewußt unwahre Tatsachen eingestanden werden.

IV. Anerkenntnis nicht materiellrechtlicher, sondern rein prozessualer Akt.

a) Die herrschende Ansicht.

Wenn man das Anerkenntnis als Willensäußerung auffaßt, so ist damit noch keineswegs entschieden, welcher Art diese Willenserklärung ist. Die geltende Ansicht sieht im prozessualen Anerkenntnis ein rein zivilrechtliches, oder wenigstens ein in Prozeßform gekleidetes zivilrechtliches Rechtsgeschäft.[1] Ausgehend von dem Schuldanerkenntnis des § 781 BGB., erklärt man das prozessuale Anerkenntnis für nichts anderes, als ein im Prozeß abgegebenes ebensolches abstraktes Schuldanerkenntnis, vergleichbar der Zahlung, Erfüllung, Aufrechnung im Prozeß. Wenn daher der Beklagte den klägerischen Anspruch anerkenne, so liege darin ein neuer, selbständiger materiellrechtlicher Verpflichtungsgrund. Nicht werde im Anerkenntnisurteil entschieden über das ursprüngliche Klagefundament, darüber wolle der Kläger gar keine Entscheidung mehr. Es werde vielmehr geurteilt auf Grund der zivilrechtlichen abstrakten Erklärung: ich bekenne dem Kläger 100 Mark schuldig zu sein.

Diese Auffassung führt zu wichtigen Folgerungen, insbesondere zu der Ansicht, daß das Anerkenntnis als zivilrechtliches Rechtsgeschäft nach den Vorschriften des bürgerlichen Rechts nichtig, bzw. anfechtbar sei.[2] Ferner zu der Entscheidung, daß die Gültigkeit des Anerkenntnisses von den Bedingungen des bürgerlichen Rechts für die Wirksamkeit zivilrechtlicher Verfügungen überhaupt abhängig ist. So beim Anerkenntnis des nicht ver-

[1] So vor allem Wach im ZA. Bd. 64 S. 254, ferner im Handbuch I S. 577. Ebenso: Trutter S. 127ff.; Gaupp-Stein, Kom. zu § 307; Hoffmann S. 41 Anm. 2; Weismann, Lehrbuch I S. 104 III; Eccius a. a. O. S. 465f.; ferner R. Schmidt S. 594; Kohler in ZZP. Bd. 29 S. 34: „prozessuale Rechtsgeschäfte mit zivilrechtlicher Wirkung"; ferner ERG. in Gruchot, Beitr. Bd. 46 S. 664: „materiellrechtlicher Dispositionsakt"; Nussbaum S. 77; Urt. des LG. Leipzig im Sächs. Arch. Bd. 8 S. 308: „rechtsgeschäftliche Erklärung im Prozeß". Weitere Literaturangabe siehe unten S. 59 Anm. 1 u. 2.

[2] So Gaupp-Stein, Kom. zu § 307 III; Petersen, Kom. zu § 307 III; Hoffmann S. 41 Anm. 2; Wach im ZA. Bd. 64 S. 254f.

fügungsberechtigten Ehemanns hinsichtlich des gütergemeinschaftlichen Vermögens.[1] Endlich ist die Ansicht von Bedeutung bei der Frage, ob das prozessuale Anerkenntnis nur zwischen den Parteien, oder über den Prozeß hinaus wirksam ist.

b) **Kritik und positives Ergebnis.**

Gegen die Natur des Anerkenntnisses als zivilrechtliches Rechtsgeschäft spricht zunächst der Tatbestand. Im ersten Abschnitt wurde das Anerkenntnis in Übereinstimmung mit der durchweg herrschenden Meinung als einseitige, dem Gericht gegenüber vorzunehmende, mündliche Erklärung definiert. Damit stimmt in keiner Weise überein die Form des materiellrechtlichen Anerkenntnisses; nach § 781 BGB. wird zu dessen Gültigkeit 1. ein Vertrag und 2. Schriftform erfordert. Also schon hier ein nicht zu beseitigender Widerspruch!

Man müßte denn annehmen, daß im prozessualen Anerkenntnis eine privilegierte Form, eine spezielle Ausnahme von jenen allgemeinen Erfordernissen gegeben sei. Aber wo steht das? Weder im Bürgerlichen Gesetzbuch, noch in der Zivilprozeßordnung. Ferner: § 781 BGB. bezieht sich unbestritten nur auf Schuldverhältnisse, nicht auch auf dingliche Rechte, Erbrechte u. a. Dagegen bezieht sich das gerichtliche Anerkenntnis auf alle nur denkbaren Rechtsverhältnisse, auf Eigentumsklagen, Besitz-, Hypotheken-, negative Feststellungsklagen. Weiter sahen wir oben, daß Gegenstand des Anerkenntnisses nicht nur die materiellrechtliche Seite des geltend gemachten Anspruchs ist, sondern daß auch die prozessualen Vorbedingungen von ihm mit umfaßt werden. Wie sollen diese aber zivilrechtlich anerkannt werden? Wenn der Beklagte, ohne den klägerischen Anspruch an sich zu bestreiten, einwendet, das angerufene Gericht sei unzuständig, später aber den Anspruch in vollem Umfange anerkennt, so erstreckt sich diese Erklärung lediglich auf die prozessuale Seite der Zuständigkeit. Nie und nimmer kann aber ein an sich unzuständiges Gericht durch ein zivilistisches Rechtsgeschäft zu

[1] In diesem Sinne ERG. 44 S. 345ff., wonach derartige Anerkenntnisse nichtig sind.

einem zuständigen gemacht werden. Schärfer noch ergibt sich die Natur des Anerkenntnisses bei den negativen Feststellungsklagen. A. klagt auf Feststellung der Unechtheit einer Urkunde, B. erkennt die Unechtheit an. Denken wir nun, die Urkunde sei tatsächlich echt gewesen, so ist sie durch ein zivilrechtliches Rechtsgeschäft zu einer unechten geworden! Nicht selten wird auch folgender Fall erwähnt: A. hat gegen B. auf Feststellung geklagt, derart, daß der zwischen ihnen geschlossene Pachtvertrag seit dem 1. Januar 1903 nicht mehr bestehe. Am 4. Februar 1904 erkennt B. den geltend gemachten Anspruch an. Nach der Gegenansicht ist der Pachtvertrag durch die materiellrechtliche Anerkennung erloschen, vorher nicht. Es müßte also im Urteil ausgesprochen werden, daß der Pachtvertrag vom Tage des Anerkenntnisses ab, also seit dem 4. Februar 1904, nicht mehr bestehe. Damit ist dem Kläger aber nicht gedient, er will Feststellung, daß der Vertrag seit dem 1. Januar 1903 nicht mehr besteht. Wie soll nach jener Theorie der Kläger zum Ziele kommen, obwohl der Beklagte seinem Verlangen nichts in den Weg stellt?

Übrigens lassen sich auch hier dieselben Bedenken, welche oben gegen die Ansicht von der abstrakten Natur des geltend gemachten Anspruchs herangezogen sind, ins Feld führen. Welche Unsicherheit würde entstehen, wenn der Beklagte nicht den individuell bestimmten, sondern den Anspruch auf Zahlung von 100 Mark durch abstraktes Schuldanerkenntnis anerkennen wollte. Ein solcher Wille müßte ja auch normalerweise vorhanden sein. Nun will aber sicherlich nicht, wer den Anspruch im Prozeß anerkennt, mit dem Gegner einen zivilrechtlichen Vertrag schließen, sich ihm von neuem verpflichten. Der Prozeß ist nicht dazu da, Gelegenheit für den Abschluß von Rechtsgeschäften, noch dazu unter erleichterter Form, zu verschaffen, er soll nicht neues Streitmaterial hineintragen, nicht neue Ungewißheit herbeiführen. Es mag freilich vorkommen, daß auch im Rahmen der mündlichen Verhandlung materielle Rechtsgeschäfte abgeschlossen werden, wie Zahlung, Stundung, Erlaß, aber sie haben mit dem begrifflichen Wesen der prozessualen Handlungen nichts gemein.

Eins aber gibt zu denken: Wenn das Anerkenntnis kein

zivilistisches Rechtsgeschäft ist, warum wird dann noch der besondere Antrag in § 307 ZPO. gefordert, warum genügt nicht der ursprüngliche Klagantrag? Nach der herrschenden Lehre versteht sich diese Einschiebung ganz von selbst: der Antrag ist notwendig, weil das Anerkenntnis nunmehr die einzigste materiellrechtliche Grundlage bildet, weil der frühere Klaggrund weggefallen und an dessen Stelle ein neuer getreten ist. Daraus ergibt sich jedenfalls soviel, daß nach der diesseits vertretenen Ansicht der besondere Antrag im Gesetz logisch nicht erforderlich gewesen wäre. Damit übereinstimmend hat DEGENKOLB[1] überzeugend nachgewiesen, daß das Erfordernis des besonderen Urteilsantrages in § 307 ZPO. nicht auf zwingenden logischen Gründen, sondern auf rein geschichtlichen Zufälligkeiten beruht. Bei der Kodifikation der Zivilprozeßordnung knüpfte man, wie die Motive zu §§ 267, 268 berichten, an die in Deutschland bestehenden Prozeßordnungen an, und zwar in erster Linie an die Württembergische Prozeßordnung vom Jahre 1868. Hier allerdings findet sich die Vorschrift des besonderen Urteilsantrages beim Anerkenntnis. Doch dabei hat man die Hauptsache übersehen. Nach der Württembergischen Prozeßordnung ist das prozessuale Anerkenntnis mit Vollstreckungskraft ausgestattet. Aus diesem Grunde ist ein Urteil entbehrlich und wird nur auf besonderen Antrag — der übrigens an eine Präklusivfrist gebunden ist — erteilt. Die Deutsche Zivilprozeßordnung hat das Antragserfordernis übernommen, aber vergessen, die notwendigen Vorbedingungen hierfür zu schaffen.

Praktisch ist die positive Bestimmung des § 307 durchaus nicht verfehlt. Vielfach wird es, wenn der Beklagte den Anspruch anerkennt, eines Urteils gar nicht mehr bedürfen, da die Parteien sich auf gütlichem Wege einigen werden.[2]

Man darf aber nicht vergessen, daß rein logisch betrachtet, jene Bestimmung in der ZPO. nicht erforderlich war. Zugegeben mag jedoch werden, daß der Wortlaut des § 307 die Ansicht von der materiellrechtlichen Natur des Anerkenntnisses besonders

[1] Beiträge S. 134 ff.

[2] KOHLER in ZZP. Bd. 29 S. 36.

nahe gelegt hat. Dies um so mehr, als man auch unter dem Ausdruck „Anspruch“, mangels eines einheitlichen Begriffes im Prozeßrecht, den im Bürgerlichen Gesetzbuch scharf ausgeprägten Begriff des Leistungsanspruchs verstand.

Man könnte fragen, wie rechtfertigt sich aber das Urteil, wenn das Anerkenntnis der wahren Rechtslage nicht entspricht? Auch hier hat es die herrschende Ansicht wieder sehr bequem. Denn nach ihr ändert das Anerkenntnis selbst die Rechtslage so, daß sie mit der im Urteil ausgesprochenen identisch ist. Aber gibt es nicht im Gesetz auch andere Fälle, in denen wir auf eine Übereinstimmung mit der objektiven Rechtslage aus praktischen, formalen Gründen verzichten? So finden wir nichts Befremdendes an einem Versäumnisurteil, obwohl hier von einer Übereinstimmung nicht im entferntesten die Rede sein kann. Das gleiche gilt vom Geständnis unwahrer Tatsachen. Um wieviel mehr sollte nicht beim Anerkenntnis, welches vom freien Willen des Erklärenden abhängt, eine Nachforschung der Sachlage unterbleiben können, selbst auf die Gefahr hin, daß es mit dieser nicht übereinstimmt. Die Partei hat es ja so gewollt, jeder Streit ist beseitigt. Der Staat hat seine Schuldigkeit getan. Somit läßt sich auch vom diesseitigen Standpunkt aus die Natur des Anerkenntnisses, auch wenn dieses der Wahrheit nicht entspricht, befriedigend erklären.[1]

Aus allem folgt: das Anerkenntnis ist ein rein prozessualer Akt ohne jede Beimischung eines materiellrechtlichen Bestandteils.[2] Es ist eine Prozeßhandlung, d. h. eine von einem Prozeßbeteiligten vorgenommene Handlung, die u n m i t t e l b a r auf den Betrieb des Verfahrens gerichtet ist und diesen Zweck nach den Vorschriften des Prozeßrechts zu erreichen vermag.[3] Das Gegen-

---

[1] Ganz abgesehen von der Frage, ob das Urteil materielle oder formelle Rechtskraft schafft, was hier nicht zu untersuchen ist. Vgl. hierüber Degenkolb, Das Anerkenntnisurteil.

[2] Übereinstimmend neuerdings: Walsmann S. 196ff.; Hellwig, Anspr. u. Kl. S. 157; Hegler S. 33—131; Ziemssen S. 101—105, der sich Hegler anschließt; Degenkolb, Beitr. S. 152f.; Hölder S. 390ff.; Kisch in ZZP. Bd. 34 S. 387.

[3] Walsmann S. 22, 196ff.; R. Schmidt, Lehrb. S. 329, 330. Ferner ERG. Bd. 56 S. 337, 338, ebenso Entsch. des Kammergerichts vom 28. III. 1900

teil darf nicht aus § 81 ZPO. gefolgert werden, wo das Anerkentnis neben den Prozeßhandlungen genannt wird. Hier sind lediglich diejenigen Prozeßhandlungen, welche prozeßerledigend wirken, ihrer Wichtigkeit halber ausdrücklich hervorgehoben.

Mit der Konstatierung des Anerkenntnisses als Prozeßhandlung ist aber keineswegs gesagt, daß es ein prozessuales Rechtsgeschäft ist.[1] Das würde bedeuten — analog dem Begriff des Zivilrechts — die Wirkungen des Anerkenntnisses treten nur deswegen ein, weil sie vom Erklärenden gewollt sind. Hierin liegt aber eine vollständige Verkennung des Prozeßzweckes.

Die Normen des Prozesses sind künstliche Zweckmäßigkeitsmaßregeln, die Wirkungen einer Parteihandlung treten nicht deswegen ein, weil sie gewollt sind, sondern weil sie auf vernünftigen praktischen Erwägungen beruhen. Damit ist natürlich nicht gemeint, daß der Wille im Prozeß überhaupt keine Bedeutung hat. Die Wirkungen des Anerkenntnisses müssen an sich gewollt sein, aber sie treten nicht deswegen ein, weil sie gewollt sind.[2] Aus diesem Grunde ist der Begriff des prozessualen Rechtsgeschäfts überhaupt nicht empfehlenswert.[3]

---

in Rechtspr. d. Oberlandesgerichte I S. 2. Das Erfordernis der Unmittelbarkeit verneint Hellwig, Prozeßhandlung u. Rechtsgeschäft S. 8; m. E. aber mit Unrecht.

[1] Dies nehmen aber an: Kohler in ZZP. 29 S. 35; Nussbaum S. 77; Trutter S 367f. u. Rosenberg, Stellvertretung. Dagegen Hölder in ZZP. 28 S. 412; Hegler S. 223; Hellwig, Prozeßhandl. u. R. S. 26f., überhaupt die Gegner der Willenstheorie (siehe S. 24, 25). Über den Begriff des prozessualen Rechtsgeschäfts vgl. Kohler, Prozeß als Rechtsverhältnis S. 34f.

[2] Übereinstimmend Degenkolb S. 152f. Auch im Zivilrecht ist der Begriff der Willenserklärung für die Bedeutung des Rechtsgeschäfts noch streitig, vgl. hierüber Manigk, Das Anwendungsgebiet der Vorschriften für die Rechtsgeschäfte 1901.

[3] Vgl. aber Hellwig, Prozeßhandl. u. R. § 6.

Zweiter Teil.

Die Wirkungen des Anerkenntnisses.

I. Die Wirkungen des Anerkenntnisses im Sinne des § 307 ZPO.

a) Verurteilung dem Anerkenntnisse gemäß.

Die Hauptwirkung des prozessualen Anerkenntnisses besteht nach § 307 ZPO. darin, daß die anerkennende Partei ohne weitere Sachprüfung dem Anerkenntnisse gemäß zu verurteilen ist. Das Anerkenntnis ist demnach nicht ein Ersatz des Urteils, es ist als solches nicht vollstreckbar (wie beispielsweise der Vergleich). Nicht gilt heute confessus pro judicato,[1] zwar ist der Rechtsstreit erledigt, dagegen nicht der Prozeß.

Um eine definitive vollstreckungsfähige Entscheidung herbeizuführen, bedarf es vielmehr noch eines besonderen Urteils. Die formelle Voraussetzung dieses Anerkenntnisurteils ist ein spezieller Antrag seitens der interessierten Partei. Dadurch unterscheidet es sich äußerlich von dem normalen Sachurteil. Warum dieses Erfordernis des besonderen Antrages in das Gesetz aufgenommen ist, wurde bereits im letzten Abschnitt des vorigen Teils ausgeführt. Hier ist nur noch hinzuzufügen, daß jener Antrag keineswegs mit dem ursprünglichen Klagantrag identisch ist.[2] Dies zeigt sich besonders, wenn nur ein Teil des geltend gemachten Anspruchs anerkannt wird. Allerdings enthält der Antrag des § 307 stets eine Rückbeziehung auf den Klagantrag, der Kläger begehrt, daß diesem stattgegeben werde, soweit das Anerkenntnis reicht.[3] Andererseits ist nicht erforderlich, daß der Antrag formell auf das Anerkenntnis Bezug nimmt, daß der Kläger die Tatsache des Anerkennens als Grund seines Anspruchs behaupten muß.

[1] L. 1. D. de confessis 42, 2. Paulus libro 56 ad edictum: confessus pro judicato est, qui quodam modo sua sententia damnatur.

[2] Vgl. ERG. v. 5. V. 1894 in Gruchot, Beitr. 38 S. 1226, ferner Sächs. Archiv 2, S. 561.

[3] Ebenso Degenkolb, Beitr. S. 130ff.

Das Gegenteil wird von denjenigen angenommen, welche im Anerkenntnis ein zivilrechtliches Rechtsgeschäft, die Einschiebung eines neuen, selbständigen Verpflichtungsgrundes erblicken. Bemerkenswert ist, daß der in § 307 geforderte Antrag nicht der Feststellung und Verlesung nach § 297 bedarf, da er kein Sachantrag ist, sondern lediglich Prozeßbitte.[1] Eine besondere Komplikation kann sich ergeben, wenn der Kläger diesen Antrag nicht stellt und nicht stellen will, wenn er geradezu erklärt, er wolle von dem Anerkenntnis keinen Gebrauch machen, sich nichts schenken lassen, er wolle vielmehr seinen Anspruch beweisen. Nach HEGLER (S. 59ff.) muß der Kläger in einem solchen Falle abgewiesen werden.

Seiner Ansicht zufolge bleibt nach erfolgtem Anerkenntnis nur die prozessuale Möglichkeit, ein Anerkenntnisurteil zu beantragen. Weigert sich der Kläger hierzu, so fehlt es an einer Urteilsbedingung, sodaß dem geltend gemachten Anspruch nicht stattgegeben werden kann.

HOFFMANN (S. 39) meint, bei einer derartigen Situation könne auch ohne Antrag ein Anerkenntnisurteil ergehen. Im praktischen Resultat erscheint die letztere Auffassung am brauchbarsten. Denn Zweck eines jeden Prozesses ist die Wiederherstellung des gebrochenen Rechtsfriedens. Mehr aber wie ein mit dem Klagantrage übereinstimmendes Urteil kann der Kläger nicht beanspruchen, mag dieses auf Grund eines Anerkenntnisses, oder nach stattgehabter Beweisaufnahme erfolgen. Für die Privatinteressen der Parteien bietet der Prozeß keinen Raum. Daher ist der Wunsch des Klägers, trotz Anerkenntnisses ein reguläres Sachurteil zu erlangen, unbeachtlich, und es muß, da im übrigen Verurteilung begehrt wird, ein Urteil dem Anerkenntnisse gemäß erlassen werden. Gegen diese Auffassung spricht aber der klare Wortlaut des Gesetzes. Man mag über die logische Notwendigkeit des Antragserfordernisses denken wie man will, jedenfalls hat das Gesetz jenes Erfordernis aufgestellt, und es hieße diese Bestimmung illusorisch machen, wenn der Richter über die Köpfe

[1] GAUPP-STEIN, Kom. zu § 307 I; dagegen v. CANSTEIN in ZZP. Bd. 1 S. 328 Anm. 97.

der Parteien hinweg ein Anerkenntnisurteil erließe.[1] Das Anerkenntnis allein ist nur die causa efficiens, der Antrag die conditio sine qua non des nachfolgenden Anerkenntnisurteils. HEGLERS Ansicht ist aber deswegen unbefriedigend, weil sie in offenbarem Widerspruch mit der konkreten Sachlage und der Natur des Anerkenntnisses steht. Wenn der Beklagte mit dem klägerischen Vorgehen in allen Punkten einverstanden ist, wenn er seinem Begehren nichts mehr in den Weg setzt, sondern sich völlig unterwerfen will, so kann der Kläger unmöglich mit seiner Klage abgewiesen werden. Ein non liquet aber kennt das Gesetz nicht. Deshalb bleibt hier nur der Weg, in Ermangelung des Antrages die Verhandlung fortzusetzen und eventuell Beweis zu erheben.[2] Selbstverständlich ist es dem Beklagten unbenommen, die vom Kläger vorgebrachten Tatsachen im einzelnen zuzugestehen, sie bedürfen alsdann keines Beweises und können dem Urteil als feststehend zugrunde gelegt werden. Auf diese Weise kann ebenfalls ein sofortiges Urteil erreicht werden, nur ist es kein Anerkenntnis-, sondern ein gewöhnliches Sachurteil. Das praktische Resultat aber ist in beiden Fällen im wesentlichen das gleiche, sodaß die erörterte Frage für die Praxis keine allzu große Bedeutung hat.

Nach den bisherigen Ausführungen liegt es nahe anzunehmen, daß vor Stellung des Urteilsantrages das Anerkenntnis überhaupt wirkungslos ist, da, solange ein solcher Antrag nicht erfolgt, das abgelegte Anerkenntnis für den Prozeß keine Bedeutung hat. Demgegenüber ist hervorzuheben, daß der Kläger gleich mit der Abgabe der Erklärung eine günstige prozessuale Position erlangt, indem er nunmehr die Möglichkeit hat, eine Verurteilung des Beklagten unmittelbar herbeizuführen. Darin liegt zwar nicht

[1] So auch ERG. 3 S. 193ff., besonders S. 200, ferner JW. 1894 S. 193, 314, 315; GRUCHOT, Beitr. Bd. 38 S. 1220; Bayr. OLG. in SEUFF. Arch. 41 S. 452; Bad. Annalen 60 S. 180.

[2] Derselben Ansicht: FREUDENTHAL, Kom. zu § 306 Anm. 6. — In der weiteren Verhandlung wird das abgelegte Anerkenntnis ein wichtiges Beweismoment für die richterliche Überzeugung bilden, unter Umständen derart, daß der Richter darin den vollen Beweis der behaupteten Tatsachen erbracht sieht und ohne weiteres ein Sachurteil erlassen kann.

die Erlangung eines Rechts — es gibt kein Recht Anträge zu stellen, ebensowenig wie es ein Recht gibt (sondern nur eine Möglichkeit) eine Klage einzulegen —, immerhin darf dem Kläger dieser Vorteil, der durch einen Willensakt der Gegenpartei geschaffen ist, nicht beliebig wieder entzogen werden. So verlangt es die prozessuale Gerechtigkeit, so das öffentliche Interesse an der Sicherheit des Verfahrens.[1] Daher braucht der Antrag nicht notwendig in derselben Verhandlung gestellt zu werden, in welcher das Anerkenntnis erfolgt ist, er kann vielmehr auch in einem späteren Termin nachgeholt werden.[2]

Ist der Antrag ordnungsmäßig gestellt, so ergeht ohne weitere Sachprüfung ein Anerkenntnisurteil. Das Gericht ist jetzt nicht mehr zu der Prüfung verpflichtet noch berechtigt, ob sich die Rechtsfolgen aus den Klagebehauptungen rechtlich und tatsächlich ableiten lassen.[3] Das Anerkenntnis deckt, soweit es reicht, alle Mängel zu. Andererseits hat die Wirkung des Prüfungsausschlusses ihre Schranken da, wo der Richter im öffentlichen Interesse von Amtswegen prüfen muß,[4] wo prozessuale Vorschriften oder materielle Rechtsverhältnisse in Frage kommen, die der Parteidisposition nicht unterstehen. So ist die Wirkung des Anerkenntnisses kraft positiver Gesetzesvorschrift ausgeschlossen bei Ehe-, Familien- und Entmündigungssachen (§§ 617 Abs. 1, 640, 670 ZPO.). In diesen Fällen ist ein öffentliches Interesse an der Erforschung der materiellen Wahrheit beteiligt, insofern es sich um staatlich sanktionierte Einrichtungen handelt. Den Parteien kann daher nicht die Befugnis eingeräumt werden, über die Urteilsgrundlagen nach ihrem Belieben zu verfügen. Das gleiche gilt bei Anfechtungsklagen gegen ein Ausschlußurteil (§§ 957 Abs. 2, 975), etwa im Falle der Todeserklärung; ferner bei Klagen auf Aufhebung der Entmündigung, sowie bei Klagen gegen den die Entmündigung aussprechenden Beschluß (§§ 679, 684 ZPO.). Eine andere Frage ist, ob in den vorgenannten

---

[1] Anderer Ansicht Demelius, confessio S. 237, 238.

[2] So OLG. Karlsruhe in Bad. Annalen 60 S. 183, ferner Struckmann-Koch, Kom. zu § 306 Nr. 2.

[3] ERG. vom 2. VII. 1888 in JW. 1888 S. 328.

[4] Hegler S. 21f.

Fällen das Anerkenntnis völlig bedeutungslos ist. Die angezogenen Paragraphen sprechen nur von der Wirkung des Anerkenntnisses und meinen damit zweifellos die Wirkung des nachfolgenden Anerkenntnisurteils. Die abgegebene Erklärung bleibt aber in allen Fällen bestehen, und gerade sie wird für den Richter ein bedeutsames Moment für die Beweiswürdigung ablegen, besonders dann, wenn die Durchführung des geltend gemachten Anspruchs dem Erklärenden nachteilig ist.[1]

Weiter ist dem Anerkenntnis die Hauptwirkung abgeschnitten, soweit dem Parteiwillen aus Gründen des öffentlichen Rechts die Wirkung versagt ist, wie bei Klagen auf Erlaß eines Vollstreckungsurteils aus einem ausländischen Urteil nach § 722 ZPO., bei Klagen auf Erteilung der Vollstreckungsklausel (§§ 731, 738) und endlich bei Klagen auf Erlaß eines Vollstreckungsurteils aus einem Schiedsspruch (§ 1042). Zwar ist es im Gesetz übersehen, die Wirksamkeit des Anerkenntnisses in diesen Fällen auszuschließen, doch ergibt sich jene Folge mit zwingender Notwendigkeit aus dem Wesen der vorgenannten Klagen. Denn als Grundsatz gilt: überall da, wo ein öffentliches Interesse mitwirkt, kann ein Parteiakt nicht entscheidend sein. Deshalb ist nach erfolgtem Anerkenntnis stets zu prüfen, ob diejenigen prozessualen Normen, an deren Befolgung ein öffentliches Interesse beteiligt und deren Feststellung von Amtswegen vorgeschrieben ist, eingehalten sind. So sind trotz des Anerkenntnisses zu prüfen die Formalitäten der Klage, die Vorschriften über Mündlichkeit und Öffentlichkeit des Verfahrens, die Zulässigkeit von Rechtsmitteln, die Bedingungen der Prozeßfähigkeit, das Vorliegen des rechtlichen Interesses bei Feststellungsklagen u. a. Wieweit im einzelnen die Grenzen der Parteidisposition reichen, welche Vorschriften dem Parteiinteresse und welche dem öffentlichen Interesse dienen, wann also das Anerkenntnis die richterliche Mitwirkung von der Prüfung ausschließt, das an dieser Stelle erschöpfend darzustellen, geht über den Rahmen dieser Aufgabe. Es genügt den Grundsatz, das allgemeine Prinzip gezeigt zu haben. Nur soll noch kurz auf die Beziehungen zum materiellen Recht hingewiesen werden.

[1] Gleicher Ansicht Petersen, Kom. zu § 307 Nr. 2.

Der Prozeß dient der Verwirklichung des Zivilrechts, er ist also etwas durchaus Sekundäres ohne selbständige Daseinsberechtigung. Daraus folgt: dem nach materiellem Recht verbotenen, nichtigen, unwirksamen Rechtsgeschäft hilft auch kein Anerkenntnis. Denn alle Rechtsbeziehungen, alle Ansprüche haben ihre Wurzel im Zivilrecht. Totgeborene Rechte können nicht durch den Prozeß zum Leben gebracht werden. Trotz Anerkenntnisses kann der Beklagte nicht zur Zahlung des Kupplerlohnes, einer Spiel- oder Wettschuld, zur Eingehung einer Ehe aus einem Verlöbnis verurteilt werden.[1]

Aus alledem ergibt sich, die richterliche Prüfung ist nach erfolgtem Anerkenntnis nicht schlechthin ausgeschlossen, zu prüfen ist vielmehr, ob der vorgebrachte Anspruch an sich, generell, nach den Vorschriften des Zivilrechts geeignet ist, die begehrten Rechtsfolgen hervorzurufen und ob die von Amtswegen zu beachtenden Prozeßvoraussetzungen gegeben sind. Ausgeschlossen ist dagegen eine Nachprüfung darüber, ob der behauptete Sachverhalt in rechtlicher und tatsächlicher Hinsicht unter den Tatbestand der materiellrechtlichen Gesetzesvorschrift zu subsummieren ist. Denn gerade jene Rechtsfolgen sind vom Anerkenntnis mit umfaßt.

Das Anerkenntnisurteil selbst ist immer ein Endurteil, es ist Voll- oder Teilurteil, je nachdem der ganze Anspruch oder bei teilbaren Leistungsansprüchen ein quantitativer Teil desselben anerkannt wird. Dieses Teilurteil muß, entgegen der Bestimmung des § 301 Abs. 2 ZPO. immer erlassen werden.[2] Andernfalls wäre ein teilweises Anerkenntnis unter Umständen völlig bedeutungslos. Nach § 311 Abs. 1 ZPO. kann die Verkündung des Urteils erfolgen, bevor die Urteilsformel schriftlich abgefaßt ist.

Eine einschneidende Wirkung des Anerkenntnisses ergibt sich aus der Novelle zur ZPO. vom 1. Juni 1909. Das Anerkenntnisurteil, welches nach dem Antrage des Klägers erkennt, kann in abgekürzter Form auf die bei den Akten befindliche

---

[1] Andere Fälle: §§ 125, 134, 138, 656 BGB.

[2] Ebenso Gaupp-Stein, Kom. zu § 307; Wilm.-Levi, Kom. zu § 307.

Urschrift oder Abschrift der Klage oder auf ein damit zu verbindendes Blatt gesetzt werden (§ 313 Abs. 3 ZPO.). Damit ist eine wesentliche Vereinfachung der Urteilsabfassung gegeben, es bedarf weder des Tatbestandes noch der Entscheidungsgründe. Auch kann im Urteilstenor auf den Klagantrag Bezug genommen werden: „Beklagter wird verurteilt nach Klagantrag". Im Mahnverfahren kann gemäß § 696 Abs. 3 ZPO. das abgekürzte Urteil anstatt auf die Klagschrift auf den Zahlungsbefehl gesetzt werden. — Auch ohne Antrag ist das Urteil für vorläufig vollstreckbar zu erklären (§ 708 Nr. 1 ZPO.). Doch kann unter bestimmten Voraussetzungen (§ 712) das Gegenteil ausgesprochen werden.

b) **Sonstige Wirkungen.**

Eine nicht unerhebliche Bedeutung erhält das Anerkenntnis durch seinen Einfluß auf die Kostenfrage. So hat nach § 93 ZPO. der Kläger die gesamten Kosten des Rechtsstreits zu tragen, wenn der Beklagte den Anspruch sofort, d. h. in der ersten mündlichen Verhandlung,[1] anerkannt, und nicht durch sein Verhalten Anlaß zur Klage gegeben hat. Als ein sofortiges Anerkenntnis ist es auch anzusehen, wenn der Beklagte den Anspruch nach voraufgegangenem Mahnverfahren, in welchem er Widerspruch erhoben hat, anerkennt.[2] In allen Fällen des Anerkenntnisses, mag es sofort oder erst später abgegeben sein, tritt eine Kostenerleichterung gegenüber den Gebühren für normale Urteile ein und zwar je nachdem eine Beweisaufnahme oder eine sonstige gebührenpflichtige Entscheidung ergangen ist (§ 21 GKG.) oder die Beweisaufnahme zwar angeordnet, aber nicht stattgefunden hat (§ 22 GKG.), oder endlich eine Beweisaufnahme oder dergl. bereits erfolgt ist.

Das Anerkenntnis selbst wirkt, da es ein rein prozessualer Akt ist, nur unter den Parteien, nur in diesem Prozeß, nicht auch darüber hinaus.[3] Ob das Anerkenntnisurteil materielle

---

[1] Rechtspr. d. OLG. 1 S. 40, 7 S. 283.

[2] ERG. vom 11. VII. 1903 in JW. Beil. 113.

[3] So mit Recht: ERG. 31 S. 241. Das Gegenteil nehmen die an, welche im Anerkenntnis ein materielles Rechtsgeschäft erblicken.

Rechtskraft schafft, ist eine Frage, die hier nicht zu erörtern ist, sie hat mit der spezifischen Natur des Anerkenntnisses nichts zu tun. — Völlig unwirksam ist das Anerkenntnis, welches vom Bevollmächtigten entgegen der Beschränkung der Vollmacht nach § 83 ZPO. abgegeben ist.

Ob die Wirkungen des Anerkenntnisses durch sofortigen Widerruf seitens der miterschienenen Partei (nicht zu verwechseln mit Widerruf bzw. Anfechtung des Erklärenden selbst) beseitigt werden können, ist bestritten.[1] Für das Geständnis ist der Widerruf in § 85 Abs. 2 ZPO. ausdrücklich vorgesehen. Gegen eine Ausdehnung dieser Vorschrift auf das Anerkenntnis spricht einmal der Wortlaut des Gesetzes: „das gilt von Geständnissen und anderen tatsächlichen Erklärungen“, sodann wird diese Auffassung noch durch folgendes widerlegt. Die tatsächlichen Verhältnisse sind dem Anwalt meist unbekannt, es kann daher leicht zu Mißverständnissen und falschen Auffassungen kommen, welche die Partei billigerweise berichtigen darf. Ganz anders aber beim Anerkenntnis; von den rechtlichen Beziehungen versteht die Partei meistens wenig oder nichts. Die Entscheidung hierüber muß sie dem pflichtgemäßen Ermessen ihres Anwalts überlassen. Deshalb erscheint es billig und gerecht, wenn der Partei ein Einmischen über den Kopf des Anwalts hinweg in die rechtlichen Verhältnisse des Prozesses untersagt ist. Dagegen kann in Übereinstimmung mit dieser Erwägung das vom Beistande abgegebene Anerkenntnis nach § 90 Abs. 2 ZPO. durch die Partei sofort widerrufen werden.

Daß das Anerkenntnis durch Aufnahme in das Sitzungsprotokoll festzustellen, die Prozeßvollmacht mangels ausdrücklicher Regelung sich auch auf das Anerkenntnis erstreckt (§§ 160 Abs. 2 Nr. 1, 81 ZPO.), sind Bestimmungen, von denen die Wirksamkeit des Anerkenntnisses nicht abhängt, die aber doch in diesem Zusammenhange der Vollständigkeit halber genannt sein mögen.

Eine Frage steht noch aus: die Wirkung der Gebundenheit des Erklärenden an sein Anerkenntnis und deren Beseitigung

---

[1] Gaupp-Stein nimmt dies an Kom. zu § 85, dagegen Struckmann-Koch, Kom. zu § 85.

im Falle des Irrtums, Zwangs, Betrugs usw. Ihrer Wichtigkeit und speziellen Untersuchung halber soll sie in einem besonderen Teile behandelt werden, obwohl sie begrifflich hier zu erörtern wäre.

Vorher ist jedoch noch auf einen Punkt im folgenden näher einzugehen.

II. Die Wirkungen des Anerkenntnisses von Rechtsverhältnissen.

Bislang wurde nur von den Wirkungen des Anerkenntnisses im Sinne des § 307 ZPO. gesprochen. Oben ist aber bereits wiederholt hervorgehoben, daß der Beklagte möglicherweise nicht nur den klägerischen Anspruch in seiner Totalität, sondern auch einzelne Rechtsverhältnisse anerkennen kann. Es soll nunmehr untersucht werden, ob und welche Wirksamkeit einer solchen Anerkennung von Rechtsverhältnissen zukommt, ob sie schlechthin bedeutungslos, eine für den Richter unmaßgebliche Erklärung ist, oder ob sie ähnliche Wirkungen hervorzurufen vermag wie das Anerkenntnis des „geltend gemachten Anspruchs". Eins jedenfalls ist sicher, die Hauptwirkung des nachfolgenden Anerkenntnisurteils kommt jenen Erklärungen nicht zu. Fraglich dagegen ist, ob nicht auch sie der richterlichen Kognition Schranken ziehen, ob der Richter das anerkannte Rechtsverhältnis dem Urteil als feststehend zugrunde legen muß, oder ob er nicht vielmehr berechtigt und verpflichtet ist, die wirkliche Existenz des Rechtsverhältnisses nachzuprüfen.

Streng genommen fällt die Erörterung dieser Frage nicht in den Rahmen der vorliegenden Aufgabe, da ihr Gegenstand das in § 307 ZPO. vorausgesetzte Anerkenntnis ist. Indessen ist mit dem Begriff des Anerkenntnisses von Rechtsverhältnissen bereits mehrfach operiert, so daß eine Stellungnahme zu dieser Frage hier kaum zu umgehen ist. Auch mag immerhin durch den Zusammenhang mit den im ersten Teil entwickelten prinzipiellen Fragen eine Erörterung an dieser Stelle gerechtfertigt erscheinen. Jedenfalls wird durch die nachfolgende Untersuchung die Grenze zwischen dem Anerkenntnis schlechthin und dem Anerkenntnis von Rechtsverhältnissen schärfer hervortreten, was bei der Verwischung derselben, die das gemeinsame Wort „Anerkenntnis“ hervorzurufen geeignet ist, immerhin für das Verständnis der Lehre vom Anerkenntnis förderlich sein wird.

a) Bedeutung des Anerkenntnisses von Rechtsverhältnissen und dessen verschiedene Auffassungen.

Die Fälle, in denen die Parteien darüber einig sind, daß gewisse Rechtsverhältnisse zwischen ihnen bestehen, gehören keineswegs zu den seltenen Prozeßbegebenheiten. Der Beklagte beispielsweise, der mit der Eigentumsklage auf Herausgabe einer verpfändeten Sache belangt ist, antwortet, es sei zwar richtig, daß der Kläger Eigentümer jener Sache sei; dennoch könne dieser eine Herausgabe nicht verlangen, weil das Pfandrecht noch bestehe. Oder der Beklagte macht gegenüber einer Darlehnsklage geltend, er sei zwar Darlehnschuldner, der Kläger habe ihm jedoch Stundung gewährt.

Besonders häufig sind die Fälle, in denen zugegeben wird, daß der vom Kläger behauptete Anspruch an sich bestehe, einredeweise wird aber ein Gegenrecht geltend gemacht, oder behauptet, der Anspruch habe zwar bestanden, sei aber durch Zahlung, Erlaß oder Verjährung untergegangen. Eine weitere Art der Einlassung des Beklagten wurde oben schon erwähnt. Der klägerische Anspruch wird an sich in allen Punkten zugegeben, es werden aber Einreden gegen die Art der Geltendmachung im Prozeß erhoben. Dazu treten endlich die Fälle, in denen sogenannte präjudizielle Rechtsverhältnisse anerkannt werden. Der Erbe, welcher eine Forderung des Erblassers einklagt, hat außer dem Bestande der Forderung seine Eigenschaft als Erbe darzutun, ebenso wie der Zessionar die Zession, der Servitutenberechtigte sein Eigentum am herrschenden Grundstück nachweisen muß. Der Beklagte antwortet nun im Prozeß, er wolle die Erbenqualität, die erfolgte Zession, das Grundeigentum des Klägers als richtig anerkennen, darüber wolle er nicht lange streiten. Uneinigkeit herrsche nur darüber, ob nicht die Forderung inzwischen getilgt, die Servitut untergegangen sei.

Es fragt sich, wie sind derartige einräumende Erklärungen

prozessualisch zu behandeln. Daß sie nicht unter den Begriff des Anerkenntnisses im Sinne des § 307 ZPO. fallen, wurde bereits nachzuweisen versucht. Der § 307 setzt eben eine solche Erklärung voraus, auf die ohne weitere Sachprüfung ein Anerkenntnisurteil ergehen kann. Die gemeinrechtliche Lehre behandelte Erklärungen der vorgenannten Art als gleichbedeutend mit dem Tatsachengeständnis.[1] Unsere heutige Zivilprozeßordnung kennt nur das Geständnis von Tatsachen und das Anerkenntnis schlechthin. Zweifelhaft ist daher, ob heute das Anerkenntnis von Rechtsverhältnissen in Ermangelung einer positiven Gesetzesvorschrift Rechtswirksamkeit besitzt. Das Reichsgericht hat in einer Entscheidung vom 29. Mai 1883 (Entsch. Bd. 10 S. 364ff.) ausgeführt, die Abgabe einer Erklärung, durch welche der Beklagte ein Rechtsverhältnis zugestehe, sei für das Gericht in keiner Weise bindend. Auch Hellmann[2] weiß keinen anderen Ausweg, als das Anerkenntnis von Rechtsverhältnissen mit dem positiven Rechte für unvereinbar zu erklären. Doch ist diese Ansicht nicht die herrschende. Das Reichsgericht selbst hat seinen Standpunkt geändert und in einem Urteil vom 21. Dezember 1893 (Entsch. Bd. 32 S. 407 f.) ausgesprochen, daß, soweit das Anerkenntnis des Beklagten reiche, das anerkannte (Eigentums-) Recht ohne weitere Beweisaufnahme als feststehend anzusehen sei; und ferner in Entsch. Bd. 58 S. 54: „Es (scil. das Zugeständnis des Eigentumsrechts) ist nicht schlechthin wirkungslos. Seine nächste Wirkung besteht darin, daß der Gegner der Darlegungs- und Beweispflicht überhoben ist.“ Dernburg,[3] Eccius[4] und Canstein[5] teilen diese Auffassung, indem sie die Frage ohne nähere Begründung streifen; ebenso die Kommentare.[6] Eine eingehendere Untersuchung findet sich

---

[1] Siehe Wetzell S. 172.

[2] Lehrbuch I S. 267ff. [3] I, S. 178 Anm. 6.

[4] Förster-Eccius, Theorie und Praxis des Preuß. Privatrechts Bd. 1 S. 276 Anm. 16, ferner Eccius in Gruchot, Beitr. 27 S. 475, vgl. auch Jur. Zeitschr. f. Els.-Lothr. Bd. 9 S. 452.

[5] v. Canstein in ZZP. Bd. 1 S. 330, 327 Anm. 96.

[6] Petersen, Kom. zu § 306, 307 Nr. 4 Abs. 2; Gaupp-Stein, Kom. zu § 307, I; Struckmann-Koch, Kom. zu § 307, 1.

bei Demmler,[1] der aber lediglich an der Hand von zahlreichen praktischen Fällen die Notwendigkeit der herrschenden Ansicht für die Praxis nachzuweisen sucht.

Die Vertreter der geltenden Lehre begründen ihre Ansicht vorwiegend damit, daß sie die Bestimmungen des Tatsachengeständnisses auf das Anerkenntnis von Rechtsverhältnissen für anwendbar erklären. Dem widerspricht zunächst der Wortlaut des Gesetzes, § 288 ZPO. spricht ausdrücklich von „Tatsachen", die insofern keines „Beweises" bedürfen, als sie zugestanden sind. Das Geständnis erübrigt dem Gegner also nur das Vorhandensein dieser Tatsachen zu beweisen, während die rechtliche Bedeutung, welche sie für den Prozeß haben, dem richterlichen Ermessen anheim gestellt ist. Hier aber wollen die Parteien gerade die richterliche Prüfung selbst ausschließen, sie wollen den Richter an das unstreitige Rechtsverhältnis als feststehend binden. Daraus folgt: das Geständnis ist prinzipiell von dem Anerkenntnis von Rechtsverhältnissen verschieden. Damit darf natürlich nicht verwechselt werden der Fall, wenn ein allbekannter Rechtsbegriff, wie der Abschluß eines Kaufes, einer Miete, die Hingabe eines Darlehns usw. zugestanden wird. Hier handelt es sich nur um eine kurze, inkorrekte Ausdrucksweise für die dem Rechtsverhältnis zugrunde liegenden Tatsachen. In Wirklichkeit wird nicht das Rechtsverhältnis an sich anerkannt, sondern es werden die dasselbe begründenden Tatsachen zugestanden.[2]

Eine derartige Erklärung ist deshalb nach den Vorschriften über das Geständnis zu behandeln. Im einzelnen kann es zweifelhaft sein, ob die Partei nur die Tatsachen, oder das aus ihnen folgende Resultat zugestehen will; in diesem Fall hat der Richter kraft seines Fragerechts die Befugnis und die Verpflichtung, den wahren Parteiwillen zu erforschen. Im allgemeinen wird ein Geständnis immer dann anzunehmen sein, wenn über die rechtlichen Verhältnisse normalerweise kein Zweifel herrscht, und die Erklärung ganz nach der tatsächlichen Seite hin ge-

---

[1] Demmler, Das gerichtl. Geständnis v. Rechtsverhältnissen. Diss. 1895.

[2] So läßt die Praxis Eidesleistungen über einfache auch dem Laien verständliche Rechtsbegriffe zu, obwohl Gegenstand des Eides nur Tatsachen sind. Siehe Petersen, Kom. zu § 445 II.

richtet ist. Daraus aber, daß die Grenzen zwischen Geständnis und Anerkenntnis von Rechtsverhältnissen im konkreten Fall ineinander übergehen, läßt sich ein Gegengrund gegen die begriffliche Verschiedenheit beider Akte nicht herleiten.

Auch der gewöhnliche Sprachgebrauch verwendet das Wort Geständnis nur bei Tatsachen. Schwerlich wird man sagen können, der Beklagte habe eingestanden, daß der Kläger rechtmäßiger Erbe sei. Ein Recht „gesteht" man nicht, man „erkennt es an".

Dazu kommt noch folgendes: Wenn der Beklagte ein im Laufe des Prozesses streitig gewordenes Rechtsverhältnis anerkennt, von dessen Bestehen oder Nichtbestehen die Entscheidung des Rechtsstreits abhängt, so wäre die Erklärung nach der bekämpften Auffassung einem Tatsachengeständnisse gleich zu achten. Erhebt aber der Kläger die nach § 280 ZPO. zulässige Zwischenfeststellungsklage und erkennt nunmehr der Beklagte das streitige Rechtsverhältnis an, so wird niemand Bedenken tragen, darin ein Anerkenntnis zu erblicken.

Geht man hiervon aus, so erscheint es als eine willkürliche, durch nichts gerechtfertigte Interpretation, die Vorschriften eines Begriffes auf einen weder sprachlich noch seiner Natur nach verwandten Akt auszudehnen. Andere hier verwertbare Bestimmungen finden sich in der ZPO. nicht.

b) Die Wirkung des richterlichen Prüfungsausschlusses als notwendige Folge der Parteidisposition.

Die bisherige Darstellung hat jedenfalls so viel gezeigt, daß sich die Wirksamkeit des Anerkenntnisses von Rechtsverhältnissen nicht unmittelbar aus dem Gesetze ableiten läßt. Damit ist aber keineswegs erwiesen, daß es im Prozeß überhaupt keine Stätte hat. Immerhin muß auffallen, daß, obwohl das gemeine Prozeßrecht unbestritten das Anerkenntnis von Rechtsverhältnissen unter den Begriff des Geständnisses faßte und daran die gleichen Wirkungen knüpfte, wie sie diesem eigen waren,[1] und

[1] Wetzell S. 172; v. Savigny, System d. heut. röm. Rechts Bd. 7 S. 6—43; Bayer, Vortr. S. 702f.; Gönner S. 371.

obwohl die Motive zur Zivilprozeßordnung wiederholt betonen, daß die in das Gesetz übernommenen Begriffe des Anerkenntnisses und des Tatsachengeständnisses ganz auf dem Boden der gemeinrechtlichen Anschauungen aufgebaut seien, daß dennoch die Zivilprozeßordnung beidemal das Anerkenntnis von Rechtsverhältnissen nicht erwähnt. Daraus, so könnte man folgern, ergibt sich, daß das Gesetz das Anerkenntnis von Rechtsverhältnissen bewußtermaßen aus dem Kreise der Prozeßhandlungen ausgeschlossen hat. Dem steht aber eine ebenso auffallende Tatsache gegenüber, nämlich, daß durchweg alle Schriftsteller aus der Zeit kurz nach Einführung der ZPO. in dem Anerkenntnis von Rechtsverhältnissen eine wirksame Parteidisposition erblickten.[1] v. CANSTEIN[2] erklärt das Schweigen des Gesetzes damit, daß der bezüglich des Widerrufs eines Geständnisses in § 290 geforderte Nachweis der Unwahrheit bei Rechtsverhältnissen nicht geführt werden könne. Damit ist schon angedeutet, wenn auch unbewußt, daß man bei der Emanation der ZPO. im Zweifel war, ob das Zugestehen von Rechtsverhältnissen unter den Begriff des Geständnisses oder des Anerkenntnisses zu subsummieren sei. Man fühlte wohl, daß es mit beiden im engsten verwandtschaftlichen Verhältnis stand, sich aber mit keinem der beiden Akte vollständig deckte. Und wie es in ähnlichen Lagen nicht selten geschieht, überließ man die Ausfechtung der Streitfrage der Wissenschaft, wobei man jedoch die Wirksamkeit derartiger Erklärungen als etwas Unbestreitbares voraussetzte.[3]

Mag aber auch der Wert der geschichtlichen Entwicklung eines Rechtssatzes dahingestellt sein, die Notwendigkeit der wirksamen Parteidisposition über Rechtsverhältnisse ergibt sich auch als unausbleibliche, logische Folge der Grundlagen des Prozesses. Als oberster Fundamentalsatz unserer Prozeßordnung gilt das Prinzip der Verhandlungsmaxime: ne eat judex ultra

[1] Vgl. hierüber insbesondere v. CANSTEIN in ZZP. Bd. 1 S. 340, der in Anm. 120 eine Literaturübersicht über diese Frage gibt.

[2] Siehe die vorhergehende Anmerkung.

[3] v. CANSTEIN bemerkt in ZZP. Bd. 1 S. 340 Anm. 120: Geständnisse über Rechtsverhältnisse müssen Wirksamkeit haben, „und da sie nicht Anerkenntnisse sind, so müssen (!) sie als Geständnisse wirken".

petita partium. Gegenstand der richterlichen Prüfung und Entscheidung ist nur das, was die Parteien geprüft und entschieden haben wollen. Zwar ist dieser Grundsatz nicht wörtlich im Gesetz zum Ausdruck gelangt, er ergibt sich aber aus dessen Gestaltung und seinen einzelnen Konsequenzen,[1] insbesondere daraus, daß die Fälle, in denen das Gericht über die Köpfe der Parteien hinweg selbsttätig in den Prozeßstoff einzugreifen befugt ist, als Ausnahmebestimmungen ausdrücklich hervorgehoben sind. Wie die privatrechtlichen Verhältnisse der freien Verfügung der Beteiligten unterworfen sind, wie der Staat nicht schon dann eingreift, wenn ein Privatrecht verletzt ist, so ist auch die Geltendmachung der Zivilrechte im Prozeß auf die freie Willensentschließung der Parteien gestellt. Die Erhebung der Klage selbst, als Einleitung und Veranlassung des ganzen Prozesses, wird nicht durch staatliche Einmischung erzwungen. Es ist derselbe Gedanke, welcher dem Zivilrecht zugrunde liegt. Die Rechtsgüter werden niemandem aufgedrängt, sie sind in ihrer Entstehung, Gestaltung, Änderung und Aufhebung vom freien Willen des Berechtigten abhängig. Das hat zur notwendigen Folge, daß auch der Gebrauch der Privatrechte, der Umfang der Geltendmachung im Prozeß dem Parteiwillen unterstellt ist. Der Staat hat kein Interesse daran, die materielle Wahrheit aufzudecken, da einzugreifen, wo die Parteien im vollsten Frieden miteinander auskommen, mag auch der konkrete Zustand sich mit der Privatrechtsordnung nicht im Einklang befinden. Nur im Interesse der Partei, nur wenn und soweit diese es begehrt, verleiht der Staat seinen Rechtsschutz. Wo aber diese Hilfe gar nicht verlangt wird, wo Einigkeit und Ruhe herrscht, wie sollte der Staat da störend sich einmischen! Deshalb ist die Einleitung des Verfahrens, wie dessen Fortführung, regelmäßig an einen Antrag gebunden. So haben die Parteien das Beweis- und Tatbestandsmaterial selbsttätig herbeizuschaffen. So kann der Kläger auf den geltend gemachten Anspruch verzichten, der Beklagte den Anspruch anerkennen, aus diesem Grunde können an sich unwahre Tatsachen rechtswirksam ein-

[1] z. B. aus §§ 138, 288, 331, 439, 525, 526, 529 ZPO.

gestanden werden. Und hieran ist der Richter gebunden, mag er auch das Empfinden haben, daß die Tatsache, der Anspruch unwahr ist, sodaß ein seiner Ansicht nach ungerechtes Urteil hervorgerufen wird. Das Entscheidende muß in allen Fällen der Parteiwillen bleiben. Was die Partei nicht geprüft haben will, das soll der Richter auf seine Richtigkeit nicht nachprüfen dürfen. Gewiß hat auch der Prozeß den Zweck, ein gerechtes Urteil herbeizuführen. Aber wenn die Parteien, welche allein ein Interesse hieran haben, eine Tatsache, einen Anspruch als feststehend ansehen und ansehen wollen, so ist mit überwiegender Wahrscheinlichkeit anzunehmen, daß jene Tatsachen und Ansprüche der Wahrheit entsprechen. Auf diese Weise wird der Prozeßzweck erreicht, auch wenn eine Nachprüfung nicht stattfindet und er wird erreicht rascher, billiger und leichter. Die anerkennende, gestehende Partei würde unnötig mit Kosten, Mühe und Zeitverlust überbürdet, wenn genaue Nachforschungen angestellt würden über etwas, was sie gar nicht bestritten hat, was ihr als selbstverständlich erscheint. Von dieser Anschauung geht das Gesetz auch aus bei der Behandlung von Versäumnis und Schweigen. Nur ist hier der Schluß aus der Unterlassung ein vorläufiger, weil die Garantie für die Richtigkeit weit geringer ist, wie bei den ausdrücklichen Erklärungen. Was aber vom Anerkenntnis und vom Geständnis gilt, warum sollte das nicht auch bei dem Anerkenntnis einzelner Rechtsverhältnisse zutreffen, warum sollte in diesem Fall eine Ausnahme von der allgemeinen Regel stattfinden. Wenn die Partei das richterliche Prüfungsrecht über den gesamten Klaganspruch ausschließen kann, wieviel mehr muß sie das bei einem Teil desselben können. Auch hier ist der Wille des Erklärenden bestimmend, auch hier greifen die allgemeinen Erwägungen über Schnelligkeit und Billigkeit des Verfahrens Platz.

Die gegenteilige Annahme würde zu praktischen Unerträglichkeiten führen. Man bedenke den Fall, in dem jemand durch Verschulden eines anderen einen Unfall erlitten und von diesem bereits seit Jahren freiwillig eine fortlaufende Entschädigung erhalten hat. Nachträglich verschlimmern sich die schädlichen Folgen, und der Verletzte verlangt nunmehr eine höhere Rente.

In dem darauf entstehenden Prozeß sind die Parteien, wie auch früher, über den Grund des Schadens einig, nur über die Höhe herrscht Streit. Soll der Kläger trotzdem alle einzelnen Behauptungen unter Beweis stellen, soll der Richter untersuchen müssen, ob der Unfall sich wirklich durch ein Verschulden des Beklagten ereignet hat, obwohl ein Bedürfnis nach richterlicher Hilfe, ein Verlangen nach Entscheidung gar nicht vorliegt? Und wie, wenn der Kläger den Beweis infolge Zeitablaufs nicht mehr liefern kann, der Richter die Überzeugung für eine Schadensersatzpflicht nicht erlangt, soll die Klage abgewiesen werden, obwohl der Beklagte selbst seine Verpflichtung zum Schadensersatz anerkannt und seit langen Jahren dieser Verpflichtung entsprechend den Kläger entschädigt hat? Das gleiche Resultat ergibt ein schon oben erwähntes Beispiel: Jemand klagt in einem Erbrechtsstreit als Universalerbe eine Darlehnsforderung des Erblassers ein. Der Beklagte erkennt die Berechtigung des Klägers als Erben an, er bekennt sich auch zur Rückzahlung des Darlehns schuldig, wendet aber ein, die Schuld sei ihm noch auf 5 Jahre gestundet. Soll etwa der Kläger gehalten sein, den vielleicht mit unendlichen Schwierigkeiten verbundenen Nachweis seiner Eigenschaft als Erbe zu führen, soll der Prozeß jahrelang sich um diese Frage drehen, obwohl hierüber gar kein Streit herrscht. Und wer würde Nutzen davon haben? Das Gericht sicher nicht, die Parteien noch weniger, da für sie ein Streit gar nicht besteht.

Es ist einleuchtend, der Richter hat nur da einzugreifen, wo der Streit der Parteien beginnt, wo eine richterliche Prüfung gewollt ist. Darüber hinaus ist eine Prüfung mit den Grundsätzen der ZPO. unvereinbar.

Eins aber ist noch hervorzuheben: Nicht selten will eine Partei lediglich die vom Gegner behaupteten Tatsachen zugestehen, sie gibt aber im Anschluß hieran ihre eigene Rechtsansicht dahin kund, daß sie die von der Gegenseite gezogenen Schlußfolgerungen ebenfalls für richtig halte. Darin liegt keinesfalls ein Anerkenntnis von Rechtsverhältnissen. Denn der Richter braucht sich die Ansicht der Parteien nicht aufdrängen zu lassen; andererseits ist die gestehende Partei weit davon entfernt, durch ihre Ausführungen sich festlegen, sich rechtlich binden zu wollen. Derartige Erklärungen sind deshalb nichts weiter als reine Tatsachengeständnisse.

Somit ergibt sich: das Anerkenntnis von Rechtsverhältnissen ist eine unentbehrliche Prozeßhandlung,[1] die in der Zivilprozeßordnung zwar nicht ausdrücklich geregelt ist, deren Natur und Wirkung aber aus allgemeinen prozessualen Grundsätzen und den im Gesetz unausgesprochenen Grundgedanken gefolgert werden muß.

c) **Sonstige Wirkungen.**

Aus den Grundprinzipien des Prozesses ergibt sich aber als weitere Folge, daß die den Richter bindende Wirkung überall da ausgeschlossen ist, wo das öffentliche Interesse an dem Bestehen oder Nichtbestehen eines Rechtsverhältnisses beteiligt ist, also in Ehe-, Kindschafts- und Entmündigungssachen. Dasselbe gilt von rechtlichen Verhältnissen, welchen nach den Vorschriften des Zivilrechts die Wirksamkeit versagt ist, so bei unsittlichen, auf eine unmögliche Leistung gerichteten oder aus einem sonstigen Grunde nichtigen Rechtsgeschäften. Auch hier gilt das gleiche, was beim Anerkenntnis ausgeführt ist. Der Prozeß steht im Dienste des Privatrechts, nur aus ihm schöpft er seine Kraft.

Ein Widerruf[2] der vom Anwalt anerkannten Rechtsverhältnisse durch die miterschienene Partei ist wirkungslos, da § 85 Abs. 2 ZPO. nur von Geständnissen und anderen *tatsächlichen* Erklärungen spricht. Im übrigen ist das S. 45 bezüglich des Anerkenntnisses Gesagte hier zu wiederholen. Das vom *Beistand* abgegebene Anerkenntnis von Rechtsverhältnissen unterliegt dagegen nach § 90 Abs. 2 ZPO. dem sofortigen Widerruf durch die Partei.

Nicht aber bedarf es der Aufnahme in das Sitzungsprotokoll, § 160 Abs. 2 Nr. 1 ZPO. stellt dieses Erfordernis nur bei denjenigen Vorgängen auf, durch welche der Rechtsstreit sich un-

---

[1] Daß es eine Prozeßhandlung ist, ergibt sich aus der Definition S. 36.

[2] Daß die anerkennende Erklärung sofort mit der Abgabe derselben bindend ist, folgt aus denselben Gründen, welche auf S. 40f. bezüglich des Anerkenntnisses angeführt sind.

mittelbar erledigt. Werden nur einzelne Teile außer Streit gesetzt, wie Tatsachen oder Rechtsverhältnisse, so brauchen sie nicht von Amtswegen festgestellt zu werden.[1] Wohl aber ergibt sich diese Notwendigkeit, wenn derartige Erklärungen im Schriftsatz nicht enthalten sind, und eine Partei die Aufnahme in das Protokoll beantragt (§ 298). Im vorbereitenden Verfahren, in Rechnungssachen und ähnlichen Prozessen sind sie dagegen auch ohne Antrag von Amtswegen festzustellen (§ 350 Abs. 1 Nr. 2 ZPO.).

Streitig könnte sein, ob in der Prozeßvollmacht das Anerkennen von Rechtsverhältnissen wirksam ausgeschlossen werden kann.[2] Indessen ist dies bei dem speziellen Ausnahmecharakter des § 83 ZPO. nicht anzunehmen. Als Regel gilt, daß die Vollmacht zu allen Prozeßhandlungen berechtigt. Davon ausgenommen, d. h. ausschließbar, sind nur diejenigen, welche die Entscheidung des Prozesses unmittelbar beeinträchtigen und der Partei einen direkten Nachteil zu bringen vermögen.

Keinesfalls können die Kostenerleichterungen, welche beim Totalanerkenntnis eintreten, auch dann dem Beklagten zustatten kommen, wenn er nur ein Rechtsverhältnis anerkennt. Diese Vergünstigung setzt voraus, daß der Erklärende nicht nur wie beim Geständnis sich mit einzelnen Voraussetzungen des Klaganspruchs einverstanden erklärt, womit ja immer noch ein Antrag auf Abweisung der Klage verbunden werden kann, sondern daß er, soviel an ihm liegt, dem Gericht die Entscheidung abnimmt, indem er sich mit seiner Verurteilung einverstanden erklärt.

Damit sind die Wirkungen des Anerkenntnisses von Rechtsverhältnissen erschöpft. Es bleibt nur noch zu prüfen, ob und unter welchen Voraussetzungen diese Erklärungen wegen Willensmängel angefochten, bzw. widerrufen werden können. Darin aber stehen sie dem normalen Anerkenntnis vollständig gleich; was daher im folgenden von Anerkenntnis schlechthin gesagt wird, gilt auch für das Anerkenntnis von Rechtsverhältnissen. Die Rechtfertigung dieser Behauptung muß sich aus der nachfolgenden Darstellung ergeben.

---

[1] Ebenso Petersen, Kom. zu § 160 Nr. 5a.

[2] Eine wirksame Beschränkung nimmt an: v. Canstein in ZZP. 1 S. 327 Anm. 96.

Dritter Teil.

Die Widerruflichkeit bzw. Anfechtbarkeit des Anerkenntnisses wegen Willensmängel.

I. Praktische Bedeutung der Frage.

Die tägliche Prozeßpraxis bietet nicht selten die Erscheinung, daß eine Partei ein Anerkenntnis abgibt, zu welchem sie durch irrige Vorstellungen veranlaßt ist. Regelmäßig ist der Irrtum dadurch entstanden, daß der Anerkennende von der rechtlichen und tatsächlichen Existenz des klägerischen Anspruchs überzeugt ist, während ein solcher tatsächlich nicht besteht. Eine Warenforderung wird anerkannt, die in Wirklichkeit längst bezahlt ist. Oder der Beklagte will von mehreren in der Klagschrift aufgeführten Posten den einen nicht bestreiten, verwechselt aber versehentlich die verschiedenen Lieferungen miteinander und erkennt eine Forderung als richtig an, die er gerade bestreiten wollte. Der Irrtum ist aber auch in der Art möglich, daß der Erklärende sich verspricht, oder sich verhört. Während er „nein" sagen will, sagt er „ja", oder er versteht den Klagantrag falsch, statt 200 Kilogramm denkt er an 200 Pfund und räumt die Forderung in diesem Sinne ein. Weit häufiger aber sind die Fälle, in denen der Irrtum nicht in der Person der Partei selbst, sondern in der ihres Prozeßvertreters vorliegt. So, wenn der Anwalt die Information seiner Partei mißversteht, aus einem Nichtbestreiten einer einzelnen Forderung ein Anerkenntnis herleitet, oder statt 200 Mark 300 Mark versteht und diesen Betrag bei der mündlichen Verhandlung zugibt. Ferner, wenn bei Abschrift der Schriftsätze dem Bureaupersonal ein Schreibfehler unterläuft, statt 100 Mark 1000 Mark als unstreitig bezeichnet werden, und der Anwalt im Termin ein dementsprechendes Anerkenntnis erklärt. Oder der Substitut eines Rechtsanwalts versteht eine Aktennotiz falsch: Ansprüche, die nur vorläufig nicht bestritten werden sollen, werden von ihm als richtig anerkannt. Hier ist auch der Irrtümer zu gedenken, welche durch eine telephonische Unterredung zwischen Anwalt und Partei, oder durch ein unrichtig wiedergegebenes Telegramm entstehen können. Als weiteres Beispiel diene ein vielbeschäftigter Anwalt, der in einer der zahlreichen an einem Morgen anstehenden Sachen ein Anerkenntnis abgeben will, in der Eile aber versehentlich die Akten verwechselt und in einer Sache anerkennt, in der er bestreiten wollte. Auch sind hierher die Fälle zu zählen, wo auf den Willen des Erklärenden durch Zwang, Drohung oder Täuschung eingewirkt ist. Zwar wird das mit der Pistole in der Hand erzwungene Anerkenntnis (Kohler, Beitr. S. 257) zu den Vorgängen gehören, die nicht im Prozeß, sondern im abstrakten Denken ihr Leben führen. Immerhin ist es möglich, daß der Beklagte zur Abgabe eines Anerkenntnisses genötigt wird durch Drohungen, welche zwar außerhalb des Prozesses liegen, aber in der mündlichen Verhandlung noch nachwirken. Häufiger dagegen sind die Fälle der Täuschung, so wenn eine Partei durch gefälschte Urkunden, bestochene Zeugen, Vertrauen in die Redlichkeit des Gegners dazu verleitet wird, den Klaganspruch als richtig anzuerkennen.

Alle denkbaren Arten von fehlerhaften Anerkenntniserklärungen hier aufzuführen, kann nicht beabsichtigt sein; es genügt darauf hingewiesen zu haben, daß in einer nicht unerheblichen Anzahl von Fällen das Anerkenntnis mit der wahren Sachlage nicht übereinstimmt, und diese Erklärung nicht abgegeben wäre, wenn sich nicht eine falsche Vorstellung eingeschlichen hätte. Ob in solchen Fällen der Irrtum zu berücksichtigen ist, der Anerkennende die Folgen seiner Erklärung wieder beseitigen kann, ist eine Frage, über die in der ZPO. jede Vorschrift fehlt, während im Zivilrecht die Irrtumslehre eingehend bis in die äußersten Konsequenzen geregelt ist. Infolgedessen sind darüber die verschiedensten Ansichten aufgestellt.

II. Kritik der verschiedenen Theorien.

1. Zumeist wird angenommen, das prozessuale Anerkenntnis könne, da es zugleich materielles Rechtsgeschäft sei, nach den

Grundsätzen des bürgerlichen Rechts angefochten werden.[1] Dieser Auffassung hat sich die Judikatur — insbesondere die konstante Rechtsprechung des Reichsgerichts — durchweg angeschlossen.[2] Daß aber das prozessuale Anerkenntnis kein materielles Rechtsgeschäft, sondern ein rein prozessualer Akt ist, wurde schon im ersten Teil nachzuweisen versucht. Damit ist dieser Ansicht ihre Grundlage entzogen.

2. Eine nicht minder vertretene Lehre weiß sich dahin zu helfen, daß sie die Vorschriften des bürgerlichen Rechts zwar nicht direkt, aber doch analog auf die Anfechtung prozessualer

---

[1] So fast sämtliche Kommentare zur ZPO., vgl. insbesondere GAUPP-STEIN, Kom. zu § 307; PETERSEN § 307 Nr. 3; REINCKE § 306c, § 307a; WILMOWSKI-LEVY § 277, 1c, § 278, 1; STRUCKMANN-KOCH § 306, 1, § 307, 4; SYDOW-BUSCH § 307 Anm. 4; ferner: WEISMANN, Lehrb. I S. 104 III; HELLMANN, Lehrb. S. 266; ENGELMANN, Lehrb. S. 56f.; BUNSEN, Lehrb. S. 433 (RICHARD SCHMIDT erwähnt die Frage überhaupt nicht). Sodann — wenigstens im Resultat — WACH im ZA. 64 S. 254ff., hier findet sich der Gedanke einer zivilrechtlichen condictio indebiti; v. CANSTEIN in ZZP. 1 S. 331; HOFFMANN S. 41 Anm. 2, S 42f.

[2] So ERG. vom 27. IX. 1887 in JW. 1887 S. 434: Das Anerkenntnis kann als ein Verfügungsakt „nur nach den Grundsätzen des Zivilrechts über Nichtigkeit einer Willenserklärung aus dem Grunde des Irrtums angefochten werden". ERG. vom 17. X. 1889 in JW. 1889 S. 431: das Anerkenntnis hat die Bedeutung eines Dispositionsaktes, „unterliegt daher nur nach Maßgabe der Vorschriften des Zivilrechts der Anfechtung". ERG. vom 12. XI. 1898 im Sächs. Arch. Bd. 9 S. 63: „freilich ist der Beklagte noch in der Lage, die materielle Wirksamkeit seines Anerkenntnisses, ebenso wie andere dispositive Rechtsakte, anzufechten. Die Voraussetzungen dieser Anfechtung, die sich nicht nach prozessualen Vorschriften, sondern nach den Normen des einschlägigen Zivilrechts bestimmen (sind aber nicht gegeben)". ERG. in GRUCHOT, Beitr. 42 S. 919, bezüglich des Verzichtes: „Da der Verzicht nicht bloß ein prozessualer Akt ist, sondern auch in das materielle Recht eingreift, so kann ein einseitiger Widerruf nur dann Rechtswirksamkeit äußern, wenn das materielle Recht einen solchen Widerruf gestattet." Ebenso ERG. Bd. 59 S. 346, ferner Urt. des Bayr. OLG. vom 5. XI. 1891 in SEUFF. Arch. 47 Nr. 234, Urt. des OLG. Marienwerder vom 3. II. 1899 in Jur. Monatsschr. f. Posen Bd. 2 S. 149, Urt. des OLG. Cöln in PUCHELTS Zeitschr. Bd. 29 S. 473, Urt. des OLG. Karlsruhe im „Recht" 1902 S. 591, Urt. des OLG. Marienwerder vom 31. V. 1904 in WARNEYERS Jahrbüchern Bd. 3 S. 462. Als einzige Ausnahme LG. Bückeburg in ZZP. Bd. 12 S. 266.

Handlungen für anwendbar erklärt. Besonders klar tritt dieser Gedanke bei HÖLDER (in ZZP. 28 S. 409) hervor, wenn er sagt: „Die Bestimmungen des Bürgerlichen Gesetzbuchs über Willenserklärungen sind nicht für Prozeßhandlungen gegeben. Sie gelten aber in Ermangelung eigener Bestimmungen über die Gültigkeit prozessualer Willenserklärungen insoweit auch für diese, als es um Konsequenzen des allgemeinen Wesens der rechtsgültigen Willenserklärungen sich handelt. So kann daran kein Zweifel sein, daß, wer sich versprochen oder bezüglich der gegnerischen von ihm zugegebenen Behauptung sich verhört hat, nach §§ 119, 121 BGB. die von ihm vollzogene Erklärung anfechten kann."[1]

Hiergegen ist einzuwenden, daß bürgerliches Recht und Prozeßrecht ihrem Wesen nach in schärfstem Gegensatz zueinander stehen. Jenes regelt die Beziehungen der Privatpersonen untereinander. Dieses ist öffentliches, formales Recht. Die Willenserklärungen im Privatrecht haben eine wesentlich andere Bedeutung wie im Prozeß. Dort sind sie unmittelbarer Zweck, sie dienen der Gründung, Änderung und Aufhebung von Rechten, und diese Wirkungen treten nur darum ein, weil sie gewollt sind. Die Prozeßhandlungen aber sollen der Erledigung des Prozesses, der staatlichen Rechtspflege dienen; ihre Wirkungen beruhen auf praktischen Zweckmäßigkeitsgründen und regelmäßig treten sie nicht schon mit der Handlung selbst, sondern erst mittelbar im Urteil ein. Die Bestimmtheit und Sicherheit des Verfahrens erfordert es, daß dem inneren Willen nicht die gleiche Bedeutung zukommt wie im Privatrecht. Der Prozeß ist kein Kinderspiel,[2] wer eine Erklärung abgibt, mag sich vorsehen. Das Gegenteil würde zu der Konsequenz führen, daß jemand, der irrtümlich eine falsche Partei verklagt hat, die Einlegung der Klage anfechten und diese von Anfang an rückgängig machen könnte.

---

[1] Ebenso SEUFFERT, Kom. zu § 306, 3b, 4 und § 307, 4: Anerkenntnis und Verzicht seien zwar Prozeßhandlungen, aber es seien auf diese Akte wegen ihrer Ähnlichkeit mit Rechtsgeschäften die Vorschriften der §§ 117, 118, 119, 123 BGB. entsprechend anzuwenden. Ferner ZIEMSSEN S. 127. Ähnlich KOHLER, Beitr. S. 256f.

[2] DEGENKOLB, Beitr. S. 154; ERG. vom 17. VI. 1896 in JW. 1896 S. 398; WACH im ZA. Bd. 64 S. 248.

Ebenso müßte ein Anwalt die eingelegte Berufung, oder eine bei einem unzuständigen Gericht eingereichte Klage wegen Irrtums anfechten und dadurch aus der Welt schaffen können. Wer aber trägt die Kosten des eingeleiteten Verfahrens? Wie steht es ferner mit den nicht ernstlich gemeinten Willenserklärungen im Prozeß? Soll ein ganzes Verfahren null und nichtig sein, weil geklagt ist in der Erwartung, der Mangel der Ernstlichkeit werde nicht verkannt werden? Dafür bietet der Prozeß keinen Raum. Die Hoheit und Würde des Staates erfordert es, daß jede Willenserklärung als ernstlich gewollt behandelt wird, soweit nicht das Gegenteil ganz offenbar zutage tritt. Wohin sollte es führen, wenn eine Partei ihrer Erklärung jede Wirkung durch den Nachweis nehmen könnte, sie habe die Erklärung nicht ernstlich oder überhaupt nicht gewollt! „Soll der Prozeßzweck erreicht werden, so muß leicht erkennbar sein, ob eine Parteihandlung gültig ist oder nicht."[1] Im bürgerlichen Recht werden die Willenserklärungen Privatpersonen gegenüber abgegeben, und an diese richtet sich demgemäß die Anfechtung. Anders im Prozeß; hier sind alle Erklärungen und Anträge an das Gericht, an den Staat gerichtet, aber lediglich zu seiner Kenntnisnahme, nicht damit er aus ihnen Rechte erwerben soll.

Aus alledem folgt, daß die prozessualen Parteihandlungen ganz anderer Art sind, wie die rein privatrechtlichen Geschäfte, und es lassen sich darum die Vorschriften des bürgerlichen Rechts nicht auch auf jene anwenden; auch nicht analog. Was heißt hier überhaupt analoge Anwendung? Der § 119 BGB. spricht von Irrtum über den Inhalt einer Erklärung, über solche Eigenschaften einer Person oder Sache, die im Verkehr als wesentlich angesehen werden. Der Irrtum aber, welcher beim Anerkenntnis normalerweise in Betracht kommt, ist ein Irrtum über die Existenz oder Nichtexistenz des „Anspruchs", also ein Irrtum im Motiv, der aber gerade nach den Bestimmungen des Bürgerlichen Gesetzbuchs grundsätzlich nicht berücksichtigt wird.

Und endlich, die Anfechtung von irrtümlich abgegebenen Erklärungen ist im Zivilrecht nur deshalb durchführbar, weil

---

[1] NUSSBAUM S. 68.

nach § 122 BGB. der Anfechtende dem andern Teil den dadurch entstehenden Schaden (negatives Interesse) zu ersetzen hat. Das ist die Ausgleichung, das Ventil, eine Einrichtung, die auf dem Gebiete des Prozeßrechts nicht möglich ist.

Allerdings liegt jenen Anschauungen ein richtiger Ausgangspunkt zugrunde. Privatrecht und prozessuales Recht sind Unterarten des gemeinsamen Oberbegriffes Recht, darum ist es möglich, daß die Regelung allgemeiner Rechtsinstitute bei beiden die gleiche ist.[1] Daraus folgt aber noch nicht, daß die Vorschriften des BGB. — soweit sie allgemeinen Charakter haben — beim Schweigen des Prozeßrechts ohne weiteres auf dieses zu übernehmen sind. Dazu ist vielmehr eine Untersuchung von Fall zu Fall erforderlich, ob der Tatbestand genau der gleiche ist und ob die Regelung des Zivilrechts der Struktur des Prozesses und seinem Zweck in concreto entspricht. Findet man dann, daß die Prozeßvorschriften den zivilrechtlichen Normen entsprechen, so rechtfertigt sich der Schluß, daß in diesem speziellen Fall die Regelung in beiden Rechtsgebieten eine gleiche oder ähnliche ist. Nicht aber darf man die umgekehrte Reihenfolge einschlagen: weil die Vorschriften des BGB. hier allgemeine Bedeutung haben, sind sie im einzelnen Fall auch, wenigstens analog, auf das Prozeßrecht anwendbar.

Noch weniger aber ist eine Anwendung des bürgerlichen Rechts aus dem Grunde erlaubt, weil der Prozeß der Verwirklichung der Privatrechte zu dienen bestimmt ist: weil es sich um Geltendmachung von Privatrechten handelt, seien notwendig die Vorschriften des bürgerlichen Rechts auch auf den Prozeß anwendbar. Wer das behauptet, muß auch annehmen, daß für das Zustandekommen eines Gesetzes über den privatrechtlichen Kauf die allgemeinen obligationsrechtlichen Vorschriften des Bürgerlichen Gesetzbuches maßgebend seien.

Somit ergibt sich die Unhaltbarkeit der ganzen Lehre. Mit Recht sagt Hellwig:[2] „Es ist ein Widerspruch, wenn die Grundsätze des BGB. über Rechtsgeschäfte auf die Prozeßhandlungen

---

[1] Vgl. Walsmann S. 2 und Hellwig, Prozeßhandl. u. R. S. 62.

[2] Anspr. u. Klagr. S. 158 Anm. 13, ferner Prozeßhandl. u. R. S. 62, 63.

angewendet werden sollen. Daher ist auch der allgemeinen Meinung nicht beizupflichten, welche die Anfechtbarkeit jener Prozeßhandlungen nach bürgerlichem Recht beurteilen will." Bemerkenswert ist, daß das Reichsgericht neuerdings in einem Urteil vom 10. Oktober 1908[1] bezüglich einer irrtümlich erklärten Eidesweigerung ausgeführt hat, daß prozessuale Erklärungen überhaupt nicht nach Maßgabe des § 119 BGB. anfechtbar seien, sondern in dieser Beziehung, wie die Bestimmung des § 290 ZPO. zeige, besonderen Regeln unterständen. Daß das Reichsgericht damit seinen früheren Standpunkt aufgegeben hat — wenigstens soweit es sich um die Anfechtbarkeit eines Anerkenntnisses handelt — ist wohl nicht anzunehmen. Das angezogene Urteil spricht nur von prozessualen „Erklärungen" und meint damit Erklärungen einseitiger Art, wie Eidesweigerung, Annahme oder Zurückschiebung von Eiden. Im Anerkenntnis ist aber nach Auffassung des RG. zugleich ein materielles Rechtsgeschäft enthalten,[2] sodaß hierauf die Vorschriften des BGB. unmittelbar anzuwenden sind.

3. Geht man von der Auffassung aus, daß die zivilrechtlichen Bestimmungen nicht für den Prozeß zugeschnitten sind, daß der Prozeß ein formales, starres Verfahren ist, so gelangt man leicht zu der Annahme, der Wille im Prozeß dürfe überhaupt nicht berücksichtigt werden, der Erklärende sei unwiderruflich an sein Anerkenntnis gebunden, mag es durch irrige Vorstellungen veranlaßt sein oder nicht.[3] So behauptet Kisch:[4] „Die Partei muß, wenn sie einzelne mit ihren Absichten und Motiven widersprechende Handlungen vornimmt, die Folgen einer solchen Inkongruenz tragen und darf nicht jederzeit die Wirksamkeit ihrer Akte wieder aus dem Grund in Frage stellen, weil sie

---

[1] In Entsch. Bd. 69 S. 262.

[2] Vgl. die Zit. unter Anm. 2 dieses Abschn. auf S. 59.

[3] So LG. Bückeburg in ZZP. 12 S. 266; ferner Pollak, Gerichtl. Geständnis S. 33f., 42, 45, 116, auch bei Grünhut Bd. 22 S. 506; Paul, Der Prozeßvergleich S. 8 Anm. 2; Pfizer bei Gruchot, Beitr. 35 S. 306f., 324; neuerdings: Nussbaum S. 68, dagegen: Kohler, Beitr. S. 256 u. Degenkolb, Beitr. S. 156.

[4] In Gött. Anz. 163. Jahrg. Bd. 1 S. 216.

vielleicht aus Scherz, Simulation, Furcht, Zwang, infolge eines Betrugs, wegen Irrtums . . . . den Anspruch anerkannt hat . . . . und dergleichen."

Daran ist so viel richtig, als, wie schon erwähnt, der Willensseite im Prozeß nicht die gleiche Bedeutung zukommt wie im Privatrecht. Das gilt insbesondere von denjenigen Prozeßhandlungen, welche nicht unmittelbar auf die Urteilsgrundlage einwirken, wie Benennung von Zeugen, Vorlegung von Urkunden, Eideszuschiebung, Stellung von Anträgen, Ladung, Einlegung der Klage, der Rechtsmittel u. a. Hier liegt für die Anfechtung ein praktisches Bedürfnis nicht vor. Vielmehr würde die unbegrenzte Zulässigkeit der Anfechtung zur Rechtsunsicherheit führen. Der Prozeß dient in erster Linie der Erfüllung des Rechtsschutzes, dem Bedürfnis nach gerechtem, der wahren Sachlage entsprechendem Urteil. Das würde in seiner strengen Konsequenz zur materiellen Wahrheitserforschung führen. Aus praktischen Gründen hat man jedoch hiervon Abstand genommen und den Beteiligten ein mehr formelles Verfahren zur Verfügung gestellt. Der Staat hat einen großen Teil seiner Verantwortung auf die Parteien abgewälzt, indem er ihnen die Befugnis gibt, ihre Interessen durch eigene Tätigkeit wahrzunehmen. Andererseits hat der Prozeß die Aufgabe, den gebrochenen Rechtsfrieden so schnell als möglich wieder herzustellen. Daraus folgt, daß eine Berücksichtigung des Parteiwillens überall da aus formalen Gründen ausgeschlossen ist, wo die Sicherheit und Schnelligkeit des Verfahrens und der Schutz der Gegenpartei es verlangen, es sei denn, daß dadurch eine Grundlage geschaffen wird, welche einem gerechten Urteil widerspricht. Es kämpfen also im Prozeß zwei Prinzipien miteinander, der Urteilszweck und der Verfahrenszweck. Jener dient vorwiegend dem Interesse der Parteien, dieser dem öffentlichen Interesse. Der Urteilszweck muß jedoch bei einer Interessenkollision grundsätzlich die Oberhand behalten. Denn: „Urteile, bei denen der eine Teil ohne eigenes Verschulden und im Widerspruch zu der materiellen Rechtslage aus formalen Gründen unterliegt, gefährden die Rechtssicherheit und erschüttern das Vertrauen in die Rechtsprechung."[1]

---

[1] Walsmann S. 73.

Auf die Berücksichtigung des Willensmomentes angewandt, ergibt dies folgendes: Prozeßhandlungen, bei welchen ein praktisches Bedürfnis zur Anfechtung wegen Irrtums nicht vorliegt, können prinzipiell nicht angefochten werden. Möglicherweise ist ja auch der Irrtum für den Ausfall des Urteils gänzlich bedeutungslos; andererseits können irrtümlich eingelegte Klagen, Rechtsmittel zurückgenommen werden. Können sie es nicht, weil der Gegner seine Zustimmung verweigert, so wird die Klage, die Berufung zurückgewiesen, d. h. es ergeht ein Urteil, welches mit der Rechtslage durchaus im Einklang steht. Anträge, Behauptungen, Erklärungen, also die große Masse der Prozeßhandlungen können beliebig zurückgenommen, verbessert, ergänzt oder durch andere Erklärungen ersetzt werden. Das folgt aus der Natur der Verhandlungsmaxime. Das Gericht entscheidet nur auf Anrufen der Parteien und nur soweit diese es wollen. Die Anträge nebst deren Begründungen können daher zurückgezogen und grundsätzlich auch geändert und verbessert werden, d. h. es kann auf ihre Entscheidung verzichtet und anderweitige Entscheidung begehrt werden. In allen diesen Fällen steht es also der Partei frei, ihren Irrtum zu berichtigen. Aber, und das ist zu beachten, das Gesetz gestattet diese Berichtigung nicht deshalb, weil die Partei sich geirrt hat, sondern schlechthin ohne Ansehung des Grundes, der Irrtum selbst ist irrelevant. Hier hilft das Prozeßrecht weitgehender und einfacher als das Zivilrecht, aber es hilft ganz anders und beschränkt die Parteien auf den vorgeschriebenen Weg. Deshalb ist eine Anfechtung wegen Irrtums hier ausgeschlossen, dies auch dann, wenn etwa der Fehler zu spät entdeckt, die Erklärung also nicht mehr verbessert werden kann.

Ganz anders aber bei denjenigen Prozeßhandlungen, welche unmittelbare Urteilsgrundlage schaffen, wie Anerkenntnis und Verzicht. Diese Erklärungen verschaffen der Gegenpartei die Möglichkeit einer sofortigen Verurteilung, sie geben ihr eine günstige prozessuale Position, die ihr nicht durch Widerruf beliebig wieder entzogen werden darf (S. 73). Andererseits sind derartige Erklärungen für den Prozeß von ausschlaggebender Bedeutung. Wollte man deshalb hier dem Irrtum jede Bedeutung versagen, so würde der Rechtsschutzzweck illusorisch gemacht. Wir würden wieder auf den Boden des älteren römischen und deutschen Formalismus zurückkehren, wo eine Partei unwiderruflich an das einmal ausgesprochene Wort gebunden war. In diesen Fällen verlangt es vielmehr die Gerechtigkeit, daß der Erklärende seinen Irrtum berichtigen und dessen schädliche Folgen beseitigen darf.

Es ergibt sich also: Der Wille im Prozeß wird im Interesse der Sicherheit und Schnelligkeit des Verfahrens zurückgedrängt, aber nur gerade so weit, als ein Bedürfnis dazu besteht und nicht die Rechtssicherheit erschüttert wird. Speziell für das prozessuale Anerkenntnis aber ergibt sich die grundsätzliche Berücksichtigung des Irrtums. Damit dürfte die Gegenansicht widerlegt sein.

4. Durch die vorstehenden Ausführungen ist schon zugleich Stellung genommen zu einer Ansicht, welche das gerade Gegenteil der vorhergehenden ist: Vereinzelt wird nämlich die völlig freie Widerruflichkeit des Anerkenntnisses verteidigt.[1] Hiergegen ist zu wiederholen, daß das Anerkenntnis sofort mit der Abgabe der Erklärung bindend ist. Freier Widerruf ist ein Widerspruch mit dem Prozeßzweck. Wo sollte es hinführen, wenn der Beklagte heute anerkennt, morgen widerruft und dieses Manöver nach Belieben fortsetzt! Der Gegner muß sich auf die einmal abgegebene Erklärung verlassen können, um danach seine Dispositionen zu treffen. Auch kann der Kläger im Vertrauen auf die Gültigkeit des Anerkenntnisses Urkunden oder andere Beweismittel vernichten, sodaß er bei erfolgreichem Widerruf nicht mehr in der Lage ist, seinen Anspruch zu beweisen.

5. Eine eigentümliche Ansicht wird von Hegler[2] vertreten. Nach seiner Auffassung ist die Widerruflichkeit des Anerkenntnisses vom Richter nach freiem Ermessen zu beurteilen. Dieser Ausweg mag praktisch zu immerhin annehmbaren Resultaten führen, er entbehrt jedoch jeder positiven Grundlage im Gesetz.[3]

[1] Demmler S. 55, 56; Demelius S. 237.

[2] Beitr. S. 296.

[3] Dagegen hat die österreichische ZPO. eine derartige Bestimmung in § 266 Abs. 2 aufgenommen.

6. Eine letzte, viel vertretene Meinung will die Vorschriften des § 290 ZPO.:

> Der Widerruf hat auf die Wirksamkeit des gerichtlichen Geständnisses nur dann Einfluß, wenn die widerrufende Partei beweist, daß das Geständnis der Wahrheit nicht entspreche und durch einen Irrtum veranlaßt sei,

auf das Anerkenntnis analog anwenden.[1] Darauf weist zwar die Wesensverwandtschaft beider Akte hin, aber Anerkenntnis und Geständnis sind doch ihrer inneren Natur nach so weit verschieden, daß sich nicht ohne weiteres alle Regeln, welche für das eine gelten, auf das andere übertragen lassen. Beim Geständnis wird der Beweis für die Existenz von Tatsachen erübrigt, beim Anerkenntnis dagegen handelt es sich um Recht. Während also beim Geständnis die Erklärung mit der Wahrheit immerhin im Zusammenhang steht, wird beim Anerkenntnis die richterliche Prüfung schlechthin ausgeschlossen. Die Regelung des Widerrufs beim Geständnis geht von dem Normalfall aus, daß ein Geständnis in Überzeugung der Wahrheit abgegeben wird. Ob eine Tatsache wahr oder unwahr ist, dazu bedarf es keiner großen Urteilsfähigkeit. Viel wahrscheinlicher aber ist es, daß eine Partei ein Recht nicht richtig zu beurteilen weiß. Daraus folgt, daß für das Anerkenntnis andere Regeln Platz greifen müssen, wie für das Geständnis. In große Verlegenheit kommt aber diese Ansicht bei dem Nachweis der Unwahrheit, des anerkannten Anspruchs. Man kann wohl beweisen, daß Tatsachen der Wahrheit nicht entsprechen, nicht aber gilt dies von Rechten und Ansprüchen. Es ist nicht auszudenken, wie der Widerrufende einen derartigen Beweis für die Nichtexistenz eines Rechts führen soll. Er müßte notwendig das Nichtvorhandensein von allen nur denkbaren Tatsachen, welche möglicherweise den Klaganspruch begründen können, anführen und beweisen. Denn solange er auch nur eine Möglichkeit nicht geleugnet und dementsprechend bewiesen hat, kann ja der Klaganspruch immer noch bestehen. Der Beweis der Nichtexistenz wäre also der widerrufenden Partei

[1] So vor allem PLANCK, Lehrb. I S. 330 Anm. 45; PAGENSTECHER, Rechtskraft S. 282, fraglich PAUL S. 8 A. 7.

unter Umständen geradezu unmöglich gemacht. Und welche Ungerechtigkeit und Härte läge darin, wenn der Irrtum durch die Gegenpartei absichtlich, etwa durch Vorlegung von gefälschten Urkunden, hervorgerufen und dem Anerkennenden nun der ganze Beweis aufgebürdet würde, den der betrügerische Gegner sonst zu liefern hätte. Der Kläger könnte sich geradezu durch derartige Machinationen von einem Beweise befreien, den er vielleicht selbst nie zu führen imstande war.

Ferner aber beschränkt sich der § 290 auf den Irrtum, welcher die Überzeugung von der Wahrheit verursacht hat. Nun gibt es aber gewiß Fälle, in denen eine Partei nicht über die Existenz des Anspruchs, sondern über den Inhalt ihrer eigenen Erklärung im Irrtum ist, so, wenn sie sich verspricht, oder wenn ein Anwalt statt 100 Mark versehentlich 1000 Mark anerkennt. Für diese Fälle versagt der § 290 ZPO. vollständig.

Damit sind die verschiedenen Theorien über die Beseitigung der Folgen fehlerhafter Anerkenntnisse aufgezählt. Eine befriedigende Lösung der Frage kann, wie schon hervorgehoben, nur durch ein Hinabsteigen auf die Grundlagen des Prozesses ermöglicht werden. Zunächst wird zu prüfen sein, welchen Einfluß mangelhafte Prozeßhandlungen überhaupt auf das Verfahren haben, und ob und auf welchem verschiedenen Wege diese Mängel beseitigt werden können. Alsdann ist zu untersuchen, welche Folgen sich hieraus für das Anerkenntnis ergeben.

III. Unterschied zwischen Nichtigkeit, Ungültigkeit, Rügbarkeit, Anfechtung und Widerruf.

Im Prozeß wie im Zivilrecht muß man bei fehlerhaften Handlungen unterscheiden zwischen Nichtigkeit, Ungültigkeit, Anfechtbarkeit und Widerruflichkeit. Dazu kommt im Prozeß als weitere Art die Rügbarkeit seitens der Gegenpartei. Dabei ist gleich hervorzuheben, daß der Widerruf im Gegensatz zu den übrigen vorgenannten Arten nicht eigentlich einen Mangel zur Voraussetzung hat, er will vielmehr die Wirkungen einer Erklärung beseitigen, ohne die Gültigkeit selbst anzugreifen. Im übrigen können Mängel im Prozeß eine doppelte Ursache haben.

Einmal können sie in einem Verstoß gegen die prozessualen Formerfordernisse, sodann in einem ungültigen Zustandekommen der Handlung selbst begründet sein. Das Prozeßrecht stellt nur die Voraussetzungen auf, unter welchen eine an sich rechtswirksam zustande gekommene Handlung für den Prozeß von Einfluß ist. Dagegen bestimmt es nicht die Bedingungen, welche zur Gültigkeit der Handlung an und für sich erforderlich sind (z. B. Vorhandensein eines Willens, eines Vertrages). Ein Verstoß gegen die prozessualen Vorschriften bewirkt entweder Ungültigkeit, oder Rügbarkeit seitens des Gegners, je nachdem die Vorschriften verzichtbar oder unverzichtbar sind.[1]

Ein Mangel in dem gültigen Zustandekommen der Handlung an sich hat Nichtigkeit (negotium nullum) oder Anfechtbarkeit seitens des Handelnden zur Folge.

Davon verschieden ist der Widerruf: die Handlung an sich ist innerlich rechtswirksam zustande gekommen, sie hat auch nach den Prozeßvorschriften volle Wirksamkeit auf das Verfahren, aber der Handelnde will sie zurücknehmen mit allen ihren Wirkungen.

Beispiele erläutern:

1. Jemand reicht eine Klage ein, in der die Bezeichnung des Beklagten, die Ladung und jeder Antrag fehlt, also ein Verstoß gegen die Vorschrift des § 253 ZPO. Die Einreichung der Klage ist ungültig, d. h. für den Prozeß unwirksam. Der Vorsitzende bestimmt keinen Termin, sondern wird dem Kläger das Schreiben zurückgeben und ihn auf die Mängel aufmerksam machen.

2. Der Beklagte ist nicht rechtzeitig oder nicht ordnungsmäßig zum Termin geladen. Hier ist die Handlung prozessual gültig; aber der Beklagte (nicht der Kläger) kann sie rügen; tut er dies nicht, sondern läßt er sich ohne Widerspruch ein, so behält die Handlung ihre Wirksamkeit.

3. Der Kläger trägt seinen Antrag und die klagbegründenden Tatsachen vor, der Richter fragt den Beklagten: „Wollen Sie die

---

[1] Dies richtet sich danach, ob die Vorschriften lediglich im Interesse einer Partei oder im öffentlichen Interesse gegeben sind.

Tatsachen zugestehen?“ Darauf antwortet der Beklagte unter höhnischem Lachen: „Das ist ja großartig, natürlich, ich gebe alles zu“. Die rein prozessualen Formvorschriften liegen vor: eine einräumende Erklärung von Tatsachen in der mündlichen Verhandlung. Aber die Erklärung an sich ist ungültig, es fehlt der Wille zu gestehen, und dieser Mangel ist allen Beteiligten offenkundig. Darum ist es ein (negotium) nullum, die Erklärung an sich ist nichtig.

Noch klarer ist folgender Fall: Es geht bei Gericht eine Klage ein, die inhaltlich nur eine Beleidigung gegen den Richter, oder einen Aprilscherz enthält, während sie äußerlich genau den Erfordernissen einer Klagschrift entspricht. Auch hier sind die rein prozessualen Vorschriften gegeben, es fehlt aber eine innere Vorbedingung: der Wille; und darüber ist der Richter keinen Augenblick im Zweifel. Auch hier volle Nichtigkeit der Handlung selbst. Der Richter wird das Schreiben in den Papierkorb werfen. Ganz ebenso verhält es sich, wenn der Beklagte sich merkbar verspricht, statt „selbstverständlich“ „selbstverständlich nein“ sagt.

An den Beispielen der letztgenannten Art tritt übrigens klar zutage, daß der Wille im Prozeß keineswegs völlig unberücksichtigt bleibt. Er wird nur zurückgedrängt, weil er als innerer Vorgang nicht der Feststellung unterliegt, und im Interesse der Sicherheit des Verfahrens ein Wille überall als vorliegend angesehen werden muß. Tritt aber das Fehlen des Willens ganz unzweideutig hervor, so ist die Prozeßhandlung ebenso ungültig wie ein beliebiges zufälliges Ereignis.

4. Eine Partei erklärt, sie verzichte auf Beeidigung eines Zeugen; der Gegner ist einverstanden, und die Beeidigung unterbleibt demgemäß. Nachträglich erfährt die verzichtende Partei, daß der vernommene Zeuge ein höchst unglaubwürdiger Mensch ist. Im nächsten Termin beweist sie, daß ihr Verzicht durch das Vertrauen in die Redlichkeit des Zeugen hervorgerufen, dieser aber tatsächlich lügenhaft ist. Aus diesem Grunde will sie ihre Erklärung nicht gelten lassen. Hier ist der Verzicht an sich zwar durch irrige Vorstellungen veranlaßt, da aber der innere Wille nicht von Amtswegen geprüft werden kann, so wird die

Erklärung, die auch nach prozessualen Vorschriften wirksam ist, als rechtsbeständig angesehen. Durch die spätere Erklärung will nun die Partei die Gültigkeit ihrer Erklärung nachträglich wieder beseitigen. Dies ist der Fall der Anfechtung.

5. Der Kläger hat dem Gericht zum Beweise einer Tatsache einen Zeugen benannt. Hinterher erfährt er, daß dieser zur Sache nichts aussagen kann. Um keine Zeit zu verlieren und unnötige Kosten zu ersparen, nimmt er seine Erklärung zurück, oder er widerruft seine früheren Behauptungen und ersetzt sie durch andere. So können Anträge, Eideszuschiebungen und Annahmen von Eiden frei, oder unter gewissen Bedingungen widerrufen werden. Dabei ist es nicht erforderlich, daß die zu widerrufende Erklärung durch einen Irrtum verursacht ist. In einzelnen Fällen ist jedoch der Widerruf an diese Voraussetzung gebunden, so beim Geständnis (§ 290), bei der Annahme und Zurückschiebung von Eiden (§§ 454, 457).

Kehren wir nun zu der Spezialuntersuchung zurück, so ist es einleuchtend, daß für das Anerkenntnis nur die Anfechtung und der Widerruf interessiert. Die Fälle, in denen ein Anerkenntnis aus prozessualen Gründen für den Prozeß unwirksam ist, weil es beispielsweise in Ehe- oder Entmündigungssachen, oder außerhalb der mündlichen Verhandlung,[1] oder entgegen der Vollmachtsbeschränkung abgegeben ist, sind bereits mehrfach hervorgehoben; sie bieten keine Schwierigkeit, da sie sich aus dem Gesetz von selbst ergeben. Ein gleiches gilt, wenn die Anerkenntniserklärung für sich genommen nichtig ist, weil ein verbotener, unsittlicher Anspruch anerkannt ist, oder der An-

---

[1] Unter Unwirksamkeit ist hier die mangelnde Wirkung des nachfolgenden Urteils mit allen Folgen (Kostenerleichterung usw.) verstanden. Daß daneben das fehlerhafte Anerkenntnis als Beweismittel für die richterliche Überzeugung, namentlich das außergerichtlich abgegebene, in Betracht kommen kann, wurde oben gezeigt. Diese Wirkung wird bei jedem Anerkenntnis, mag es auch ungültig sein, mehr oder weniger bleiben, insbesondere auch dann, wenn es wirksam angefochten ist. Der Grund liegt eben in der freien richterlichen Beweiswürdigung und in der Erfahrungsvermutung, daß niemand normalerweise eine unwahre Erklärung zum eigenen Nachteil abgibt.

erkennende sich unzweifelhaft versprochen oder verhört hat, oder um das Beispiel von Kohler anzuführen: wenn der Partei in der mündlichen Verhandlung die Pistole auf die Brust gesetzt wird und sie den Anspruch aus Furcht anerkennt. In diesen Fällen fehlt es an einer rechtswirksamen Erklärung überhaupt, sie kann deshalb auch keine prozessualen Folgen haben. Eine Rügbarkeit ist beim Anerkenntnis überhaupt nicht denkbar. Daß die Erklärung in der mündlichen Verhandlung abzugeben ist, verlangt das Interesse an der Sicherheit des Verfahrens, nicht das Privatinteresse. Auch könnte jedenfalls nicht der Anerkennende selbst seine eigene Handlung rügen, sondern nur der Gegner. Dieser ist aber gerade an dem Gegenteil: der Gültigkeit der Handlung interessiert.

Somit kommen nur die Anfechtung und der Widerruf in Frage.

Alle Handlungen, alle Erklärungen können widerrufen oder zurückgenommen werden, solange sie eine unmittelbare Wirkung nicht hervorgerufen haben. Wer eine Erklärung, eine Behauptung aufstellt, kann sie zurücknehmen und durch andere ersetzen. Dieser Grundsatz ergibt sich aus den allgemeinen Prinzipien des Prozesses. Möglich wäre zwar ein Verfahren, in welchem jede Handlung, jede Erklärung sofort bindend wirkt; wie beim Schachspiel [Walsmann] ist jeder Zug unabänderlich und kann nicht nachträglich verbessert werden. , Das Resultat setzt sich aus einem stufenweisen Aufbau einzelner Positionen von selbst zusammen. Der Richter verkündet als Urkundsperson nur das Resultat. So war es im älteren römischen und deutschen Recht. Unser heutiger Prozeßbetrieb kennt ein derartiges Verfahren nicht. Bis zum Urteil können die Parteien den gesamten Streitstoff herbeischaffen, ihn abändern und umgestalten. Zweck der Parteitätigkeit ist es, dem Richter ein klares Bild von der Sachlage zu verschaffen. Erst im Urteil entscheidet es sich im Rückblick auf das gesamte zurzeit vorliegende Prozeßmaterial, wer Sieger ist. In diesem Augenblick äußern die Handlungen und Erklärungen regelmäßig erst ihre Wirkung, indem durch richterliche Kognition geprüft wird, welche Bedeutung sie für die Entscheidung haben. Vorher sind sie zwar existent, haben aber noch keine definitive Wirkung auf das Urteil. Daraus folgt, daß die Prozeßhandlungen regelmäßig bis zum Schluß der letzten mündlichen Verhandlung, auf die das Urteil ergeht, zurückgenommen und durch andere ersetzt werden können. Davon gibt es aber bedeutsame Ausnahmen: Manche Handlungen haben eine direkte Wirkung, die nicht erst im Urteil, sondern augenblicklich eintritt; sie bezwecken nicht, Urteilsstoff herbeizuschaffen, sondern unmittelbar auf das Verfahren einzuwirken. Hierher gehören der Verzicht, das Geständnis, das Anerkenntnis u. a. Die unmittelbare Wirkung folgt bei diesen Akten einmal daraus, daß die richterliche Prüfung ausgeschaltet wird — und zwar nicht erst im Urteil, weil der Richter hierüber überhaupt nicht zu prüfen hat, sondern logischerweise sofort —. Anderseits erfordert es das Interesse des Gegners, daß er auf die Beständigkeit der Handlung vertraut und ihm die günstige Position nicht beliebig wieder entzogen wird. Damit ist gesagt, daß eine Widerruflichkeit bei diesen Prozeßhandlungen ausgeschlossen ist, sie müßte denn ausdrücklich im Gesetz gestattet sein, wie z. B. beim Geständnis und beim sofortigen Widerruf durch die miterschienene Partei. Vielfach besteht die Wirkung einer Prozeßhandlung aber auch in einem tatsächlichen Erfolg, in einer Veränderung der Außenwelt. So, wenn auf Antrag einer Partei Zeugen vernommen sind, der zugeschobene Eid geleistet, über einen Antrag entschieden ist, eine Klage eingereicht und dadurch Kosten entstanden sind. Diese Folgen lassen sich selbstverständlich nicht durch begriffliches Denken aus der Welt schaffen. Das Gesetz kann aber bestimmen, daß die Wirkung jener Tatsachen durch Vornahme von aufhebenden Handlungen als nicht vorhanden anzusehen ist, so bei der Zurücknahme der Klage, der Rechtsmittel u. a. Bei den Handlungen dagegen, welche lediglich eine rechtliche, gedachte Wirkung haben, wie der Verzicht, das Anerkenntnis usw., ist eine Beseitigung ihrer Folgen jedenfalls nicht unmöglich.

Aus alledem folgt speziell für das Anerkenntnis, ein Widerruf ist mangels einer ausdrücklichen Bestimmung unzulässig, eine Erklärung dagegen, welche die Gültigkeit der Handlung an sich nicht gelten lassen und dadurch die Folgen beseitigen will,

m. a. W. eine Anfechtung ist nicht ausgeschlossen. Ob und unter welchen Voraussetzungen aber eine Anfechtung Erfolg hat, soll im folgenden untersucht werden.

IV. Die Anfechtbarkeit des Anerkenntnisses als Folge des Prozeßzweckes.

a) Beim Irrtum.

Im ersten Teile wurde bereits nachzuweisen versucht, daß zum begrifflichen Wesen des Anerkenntnisses gehört: 1. eine Erklärung, 2. ein Wille zur Erklärung, 3. ein Wille zum Erfolg der Erklärung (Prüfungsausschluß). Nur wenn diese Voraussetzungen gegeben sind, ist das Anerkenntnis an sich gültig. Daraus würde folgen, daß beim Fehlen einer dieser Vorbedingungen eine nichtige, für den Prozeß nicht existente Handlung vorliegt. Bei der bisherigen Darstellung sahen wir aber bereits, daß sich die Rechtsordnung im Interesse der Verkehrssicherheit und eines vernünftigen Prozeßbetriebes, sowie zum Schutze der Gegenpartei mit dem äußeren Vorgang, der Erklärung schlechthin begnügt. Jede Prozeßhandlung wird grundsätzlich als gültig angesehen, mag sie in concreto gewollt sein oder nicht. Daraus folgt aber keineswegs, daß der Wille im Prozeß völlig irrelevant ist. Begrifflich ist der Wille in allen Fällen erforderlich, ist er tatsächlich nicht vorhanden, so liegt auch eine gültige Prozeßhandlung an sich nicht vor, aus praktischen Gründen wird sie aber wie eine gültige behandelt, sie trägt äußerlich das Gewand einer vollgültigen Prozeßhandlung. Diese Irregularität wird, wie wiederholt hervorgehoben, durch praktische Zweckmäßigkeitserwägungen und das Interesse des Gegners erfordert.

In erster Linie bezweckt aber der Prozeß die Gewährung staatlichen Rechtsschutzes, d. h. die Herbeiführung eines gerechten Urteils. Und nur zur Ermöglichung dieses Zweckes wird ein formales Verfahren benutzt. Folgeweise muß der Verfahrenszweck als etwas durchaus Sekundäres überall, aber auch nur da, zurücktreten, wo durch seine strenge Befolgung ein gerechtes Urteil unmöglich gemacht würde. Da nun das Anerkenntnis unmittelbare Urteilsgrundlage schafft, ein fehlerhaftes Anerkenntnis also notwendig ein falsches Urteil verursacht, so müßte logischerweise gerade hier der Verfahrenszweck außer Wirkung treten, und in jedem einzelnen Fall festgestellt werden, ob der äußeren Erklärung ein Erklärungs- und Erfolgswille zugrunde liegt.

Das scheitert aber an der praktischen Undurchführbarkeit. Der Wille kann als innerer Vorgang nicht untersucht oder nachgewiesen werden. Deshalb begnügt man sich auch hier mit der Annahme, daß die Erklärung vernünftigerweise gewollt ist. Tritt aber die Diskrepanz zwischen Wille und Erklärung offensichtlich hervor [z. B. beim Versprechen], so ist diese Annahme nicht gerechtfertigt, die Erklärung ist ohne weiteres ungültig. Solange jedoch derartige anormale Umstände nicht vorliegen, muß die Erklärung als wirklich gewollt angenommen werden. Daraus folgt aber weiter, daß der Erklärende diese vorläufige Annahme durch den Nachweis entkräften kann, ein Erklärungs- oder Erfolgswille sei tatsächlich nicht vorhanden gewesen. Gelingt ihm der Nachweis, so ist der Annahme ihre Gründlage entzogen und die als gültig angesehene Anerkenntniserklärung stellt sich nachträglich als ungültig heraus. Somit ist eine Anfechtung des Anerkenntnisses immer dann gegeben, wenn ein Irrtum im Erklärungs- oder Erfolgswillen vorliegt, und dieser Irrtum für das Zustandekommen der Erklärung kausal war.

Das ist das Prinzip, es bedarf aber noch der speziellen Ausgestaltung.

1. Der Irrtum im Erklärungswillen.

Der Erklärungswille ist stets darauf gerichtet, die Erklärung, die Worte auszusprechen. Ein Irrtum ist hier nur in der Art denkbar, daß der Erklärende sich verspricht und zwar so, daß der Irrtum nicht bemerkbar ist. So, wenn der Beklagte erklärt, er erkenne von der klägerischen Forderung 2000 Mark an, während er sagen wollte, 200 Mark. Derartige Anerkenntniserklärungen können deshalb angefochten werden.

2. Der Irrtum im Erfolgswillen.

Der Erfolgswille dagegen kann ein allgemeiner und ein besonderer sein. Im ersteren Falle sind die generellen Wirkungen eines jeden Anerkenntnisses — also Ausschluß der richterlichen Prüfung allgemein — gewollt. Der besondere Erfolgswille hat die speziellen Folgen gerade dieses konkreten Anerkenntnisses, Prüfungsausschluß beispielsweise von 200 Mark, zum Gegenstande. Beim allgemeinen Erfolgswillen weiß der Erklärende nicht, daß das Gesetz an seine Erklärung die Folge des richterlichen Prüfungsausschlusses knüpft, er befindet sich in einem Rechtsirrtum. Daß ein solcher Irrtum niemals die Anfechtung begründet, daß der Anerkennende sich nicht damit entschuldigen kann, er habe nicht gewußt, daß seine Erklärung für den Prozeß von Bedeutung sei, liegt klar auf der Hand. Wer einen Prozeß führen will, muß sich über die gesetzlichen Vorschriften, welche das Verfahren regeln, unterrichten. Etwaigen Gefahren vorzubeugen, hat das Gesetz für das landgerichtliche Verfahren, sowie in den höheren Instanzen ausdrücklich den Anwaltszwang vorgesehen. In Amtsgerichtsprozessen ist dem Richter die Pflicht auferlegt, die Parteien über irgendwelche Zweifel aufzuklären. Damit hat die ZPO. genügende Vorkehrungen zur Verhütung von irrigen Vorstellungen über die Art und Weise des Prozeßverfahrens getroffen. Wer dennoch über die rechtlichen Wirkungen seiner Handlungen im Irrtum ist, muß die Folgen als selbst verschuldet tragen. Auch hier gilt: error juris nocet.

Übrigens ist ein Irrtum über den allgemeinen Erfolgswillen beim Anerkenntnis so gut wie ausgeschlossen. Daß sich die anerkennende Partei nachher verwundert, wenn sie ihrem Anerkenntnisse gemäß verurteilt wird, ist nicht gut denkbar. Sollte sie aber doch über die Wirkung ihrer Erklärung im Irrtum gewesen sein, so kann ihr diese Abnormität nicht helfen, eine Anfechtung ist ausgeschlossen.

Anders liegt der Fall beim speziellen Erfolgswillen. Wenn der Kläger etwa 10 kg Mehl einklagt, und der Beklagte die Forderung anerkennt in dem Glauben, es handle sich um 10 Pfund, so ist er der Meinung, daß er auf Grund seines Anerkenntnisses zur Bezahlung von 10 Pfund verurteilt werde. Ebenso verhält es sich, wenn der Beklagte erklärt, er wolle von der klägerischen Forderung den Posten Nr. 2 anerkennen, aber versehentlich Nr. 2 mit Nr. 3 verwechselt. In allen diesen Fällen liegt ein Irrtum im speziellen Erfolgswillen ein tatsächlicher Irrtum vor. Eine Anfechtung ist hier, da Hinderungsgründe nicht entgegenstehen, der aufgestellten Regel nach begründet.

3. Der Irrtum im Motiv.

Wenn lediglich ein Irrtum im Erklärungs- und speziellen Erfolgswillen die Anfechtung eines Anerkenntnisses rechtfertigt, so müssen die Beweggründe, welche den Willensentschluß veranlaßten, grundsätzlich irrelevant sein. Daraus würde folgen: erkennt eine Partei den Klaganspruch deswegen an, weil sie von der Rechtmäßigkeit desselben überzeugt ist, und stellt sich nachträglich diese Annahme als irrig heraus, so würde ein solcher Irrtum als Motiv eine Anfechtung nicht begründen.[1]

Damit würde aber die Anfechtbarkeit des Anerkenntnisses im praktischen Resultat geradezu verneint. Denn regelmäßig wird ein Anerkenntnis abgegeben, eben weil der Beklagte den Klaganspruch für berechtigt hält. Die Fälle, in denen eine Partei sich verspricht, der Anwalt die Information seines Mandanten falsch versteht, oder Verwechslungen tatsächlicher Art entstehen, gehören immerhin zu den Seltenheiten. Grundsätzlich muß freilich der Irrtum im Motiv wie auf anderen Rechtsgebieten, so auch im Prozeß unberücksichtigt bleiben.

Der Beweggrund bietet nur den Anlaß zur Bildung eines Willensentschlusses. Jeder einzelne Entschluß kann aber von den mannigfaltigsten und unklarsten Beweggründen, von Gefühlen und Vorstellungen bestimmt sein. Auch sind die Motive häufig dem Erklärenden gar nicht bewußt, viel weniger noch äußerlich erkennbar. Davon macht aber das prozessuale Anerkenntnis eine besondere Ausnahme. Das Normale und durchaus Natürliche ist hier, daß der Anspruch aus dem Grunde anerkannt wird, weil die Partei ihn für rechtmäßig hält. Wenn daneben auch vereinzelt Fälle vorkommen, wo der Anerkennende den Anspruch aus anderen Gründen zugesteht, beispielsweise weil er einem unangenehmen Prozeß aus dem Wege gehen will, oder weil er ein Bestreiten für aussichtslos hält und auf diesem Wege am billigsten

[1] So Walsmann S. 78.

davon abzukommen glaubt, so müssen derartige Motive als irreguläre gegenüber dem Regelfall zurücktreten. Das normale Motiv beim Anerkenntnis ist stets das gleiche: die Überzeugung von der Rechtmäßigkeit des anerkannten Anspruchs. Dieser spezifische Beweggrund bei dem Anerkenntnis ist so eng mit dem fertigen Willensentschluß verknüpft, daß Motiv und Wille als einheitliches Ganzes anzusehen sind. Der Irrtum im Motiv muß deshalb auch aus demselben Grunde der Anfechtbarkeit unterliegen, wie der Irrtum im Willen selbst. Daraus geht schon hervor, daß andere Beweggründe als die normalen einen Anfechtungsgrund nicht darstellen. Wenn etwa der Beklagte gegen seine Erklärung einwenden wollte, er sei von der Voraussetzung ausgegangen, der Kläger werde sich mit ihm in Güte einigen und keine Zwangsvollstreckung nachsuchen, so kann er mit dieser Behauptung nicht gehört werden.

4. Der Irrtum beim Prozeßvertreter.

In allen Fällen der Anfechtung muß der Irrtum für die vollzogene Erklärung kausal gewesen sein, das heißt, es müssen solche Umstände vorliegen, aus denen zu schließen ist, daß die Partei das Anerkenntnis vernünftigerweise nicht abgegeben hätte, wenn nicht der Irrtum unterlaufen wäre. Kausal ist aber der Irrtum nur dann, wenn er in *der* Person entstanden ist, bei welcher der Wille sich gebildet hat. Läßt sich also die Partei durch einen Bevollmächtigten vertreten, so kommt grundsätzlich nur der Irrtum des Bevollmächtigten in Betracht. Lediglich der Wille des Prozeßvertreters ist für das Anerkenntnis maßgebend, er allein faßt den Willen, eine für den Prozeß wirksame Handlung vorzunehmen, während die Partei selbst außerhalb des eigentlichen Prozeßbetriebes steht. Liegt demnach in der Person des Vertreters ein Irrtum nicht vor, so ist es unerheblich, ob die Partei sich geirrt hat. — Wenn aber der Bevollmächtigte auf unmittelbare Weisung seines Mandanten handelt, so hat nicht *er*, sondern dieser den Willensentschluß zum Anerkenntnis gefaßt. Der Bevollmächtigte wiederholt nur den Willen seines Auftraggebers in der mündlichen Verhandlung. In diesem Fall ist der Parteiirrtum allein ausschlaggebend, und nicht könnte sich die Partei darauf berufen, daß sie sich zwar nicht geirrt habe, wohl aber ihr Anwalt. Die unmittelbare Anweisung durch die Partei bildet aber gerade beim Anerkenntnis die Regel. Nur selten wird der Anwalt aus sich selbst heraus ein Anerkenntnis ablegen, vielmehr wird er, um sich vor Regreßansprüchen seiner Partei zu schützen, immer erst deren bestimmte Weisung abwarten.

Ob der Irrtum ein verschuldeter oder unverschuldeter ist, macht für die Möglichkeit einer Anfechtung keinen Unterschied. Denn maßgebend ist allein die Tatsache, daß Erklärung und Wille nicht übereinstimmen.

b) **Bei Betrug, Zwang, Drohung.**

Bisher war nur die Rede von einem durch Irrtum schlechthin hervorgerufenen fehlerhaften Willen. Ein Zwiespalt zwischen Wille und Erklärung kann aber auch dadurch hervorgerufen werden, daß von außenher böswillig auf die Willensbildung eingewirkt wird. Hierher gehören insbesondere arglistige Täuschung, Zwang und Drohung.

Die arglistige Täuschung, oder Betrug, besteht in der absichtlichen Erregung eines Irrtums beim Anerkennenden, z. B. durch Vorlegung von gefälschten Urkunden, Bestechung von Zeugen. In derartigen Fällen wird ein Wille erklärt, den der Erklärende wirklich im Augenblicke der Erklärung hat. Freilich ist der Wille auf Grund einer irrigen Vorstellung gefaßt. Auch hier liegt demnach ein Irrtum im Motiv vor, der, wie oben erörtert, der Anfechtung unterliegt.[1] Daher ist es unerheblich, ob der Betrug von der Gegenpartei, oder von einem außerhalb

---

[1] Hellwig, Prozeßhandl. u. R. S. 66ff., ferner Anspr. u. Klagr. S. 158 Anm. 13 bejaht in den Fällen des strafrechtlichen Betruges, Zwanges, Drohung die Anfechtung. Er folgert dies aus § 580 Nr. 4 ZPO und meint, schon das argumentum a majore ad minus ergebe, daß um so mehr die Restitutionsgründe im ordentlichen Laufe des Verfahrens selbst geltend gemacht werden dürften. Daß dies zutreffe, werde unwiderleglich dadurch bestätigt, daß die Restitutionsklage nach § 582 ausgeschlossen sei, wenn jene Geltendmachung schuldhaft unterlassen worden sei. Richtig ist hieran zweifellos, daß das Gesetz in diesen Fällen die Zulässigkeit der Anfechtung indirekt

des Prozesses stehenden Dritten verübt ist. Vorausgesetzt ist aber, daß es sich um das spezifische Anerkenntnismotiv handelt: das Anerkenntnis muß deswegen abgegeben sein, weil der Erklärende von der Rechtmäßigkeit des Anspruchs überzeugt ist — allerdings auf Grund eines Betrugs —. Selbstverständlich muß die Täuschung für den Willensentschluß kausal gewesen sein.

Der Zwang im engeren Sinne als unmittelbare physische Gewalt (vis absoluta) scheidet beim Anerkenntnis als mündliche Erklärung völlig aus. Es ist wohl denkbar, daß jemand durch zwangsweises Führen der Hand zum Unterschreiben eines Wechsels genötigt wird; nicht aber können Worte unmittelbar durch Gewalt erzwungen werden. Eine Einwirkung ist hier nur indirekt möglich durch Erregung von Furcht (vis compulsiva, psychischer, mittelbarer Zwang). Dies ist der Fall der Drohung. Während beim unmittelbaren Zwang ein Wille überhaupt nicht

---

ausgesprochen hat, irrig ist es aber, mit Hellwig anzunehmen, daß deshalb in allen übrigen Fällen die Anfechtung ausgeschlossen sei.

Ich meine, gerade der Umstand, daß § 582 die Geltendmachung der Restitutionsgründe im ordentlichen Verfahren als etwas Selbstverständliches voraussetzt, läßt erkennen, daß der Grund hierfür nicht in § 582 selbst, sondern in allgemeinen prozeßrechtlichen Grundsätzen zu suchen ist, d. h. die Anfechtung durch strafbare Handlungen erwirkter Prozeßhandlungen folgt nicht erst aus § 580 Nr. 4 in Verbindung mit § 582, sondern aus unausgesprochenen allgemeinen Gesichtspunkten. Das Gegenteil würde übrigens zu der Konsequenz führen, daß eine Anfechtung erst dann möglich ist, wenn eine rechtskräftige strafrechtliche Verurteilung erfolgt ist (§ 581). Dadurch würde aber das ganze Verfahren unglaublich schwerfällig und deshalb kaum brauchbar. Bei der Restitutionsklage dagegen ist diese Vorbedingung gerechtfertigt, weil das Wiederaufnahmeverfahren nur in ganz besonderen Ausnahmefällen statthaft sein soll. Hier ist es auch erklärlich, daß nur mit öffentlicher Strafe bedrohte Handlungen einen Restitutionsgrund bilden. Die unantastbare Rechtskraft der Urteile bildet ein Allgemeingut, das die Rechtssicherheit im öffentlichen Interesse garantieren soll. Solange aber noch das ordentliche Verfahren anhängig ist, ist nicht einzusehen, warum nicht auch ein zivilrechtlicher Betrug einen Anfechtungsgrund bilden kann.

Ich folgere gerade aus § 580 Nr. 4 und § 582, daß auch im Prozeßrecht ganz allgemein die Anfechtung fehlerhafter Handlungen möglich ist, ihre Voraussetzungen aber nicht in § 580 Nr. 4 erschöpfend bestimmt, vielmehr der Erforschung der Wissenschaft überlassen sind. Nur eins ist sicher: strafbare Handlungen bilden immer einen Anfechtungsgrund.

vorliegt, hat bei der Drohung der Erklärende seinen momentan wirklich vorhandenen Willen kund gegeben, wenn dieser auch, ebenso wie beim Betrug, in seiner Entstehung rechtswidrig beeinflußt ist (etsi coactus tamen voluit). Der Unterschied vom Betruge liegt aber darin, daß der Erklärende bei der Drohung die Einwirkung auf seinen Willen kennt, ein Irrtum also überhaupt nicht vorliegt. Er hat lediglich von zwei Übeln das seiner Ansicht nach geringere gewählt. Gleichwohl ist auch bei dem durch eine Drohung hervorgerufenen Anerkenntnis eine Anfechtung gegeben. Denn als Grundsatz gilt: nur der Wille ist rechtlich bedeutsam, welcher auf die freie Selbstbestimmung des willensfähigen Menschen zurückgeführt werden kann. Ein erzwungener oder durch sonstige äußeren Einflüsse beeinträchtigter Willensentschluß ist für die Rechtsfolgen ebenso irrelevant, wie die Willensäußerung eines Geschäftsunfähigen oder Geisteskranken. Nur ist das Entstehen des Willensentschlusses als innerer Vorgang für die Außenwelt nicht erkennbar. Im Interesse der Verkehrssicherheit wird daher der erzwungene Wille einem vollgültigen Willensentschluß vorläufig gleichgeachtet. Aber es muß dem Erklärenden gestattet sein, die Fehlerhaftigkeit bei dem Zustandekommen seines Willens darzutun und die Gültigkeit seiner Erklärung nachträglich anzugreifen.

Das Gegenteil würde die Verwirklichung des Rechts im gegebenen Falle unmöglich machen.

Von welcher Seite die Drohung erfolgt ist, ob vom Gegner selbst, oder einem Dritten, ist für die Frage der Anfechtbarkeit unerheblich, es genügt die Tatsache, daß die Willensfreiheit beeinträchtigt war. Dagegen muß auch hier zwischen Drohung und Anerkenntnis ein Kausalnexus bestehen, andernfalls eine Einwirkung auf den Willen nicht stattgefunden hat.

c) Form und Anfechtung.

Wie das Anerkenntnis selbst nur durch Erklärung in der mündlichen Verhandlung vor dem Prozeßgericht oder vor dem beauftragten Richter im vorbereitenden Verfahren abgegeben werden kann, so muß auch die Anfechtung ebenfalls in der mündlichen Verhandlung erfolgen.[1] Da aber auf das Anerkenntnis in der Regel unmittelbar das Urteil folgt, so ist der gewöhnliche Weg: die Einlegung der Berufung unter der Behauptung, es liege ein Anfechtungsgrund vor. Ist ein Urteil noch nicht ergangen, so ist die Anfechtung möglich durch einfache prozessuale Erklärung gegenüber dem Gericht. Dagegen ist eine Anfechtung in der Revisionsinstanz unzulässig, da nach § 561 ZPO. das Vorbringen von neuen Tatsachen ausgeschlossen ist (vgl. S. 4). Nach erfolgter Rechtskraft des Urteils ist eine Anfechtung selbstverständlich unmöglich. Jedoch kann der Anfechtungsgrund unter bestimmten Voraussetzungen noch durch eine Restitutionsklage geltend gemacht werden, wenn nämlich das Anerkenntnis durch eine strafbare Handlung, also durch einen strafrechtlichen Betrug, durch Nötigung oder Bedrohung im Sinne der §§ 263, 240, 241 StrGB. böswillig erwirkt ist.[2]

Nach Ablauf von 5 Jahren seit Rechtskraft des Urteils ist auch die Restitutionsklage ohne Rücksicht auf die Kennntnis des Anfechtungsgrundes ausgeschlossen. Hat in einem solchen Fall der Kläger dem Beklagten durch Betrug ein Anerkenntnis entlockt, sodaß daraufhin ein rechtskräftiges Urteil ergangen ist, und erfährt nun nach Ablauf von 5 Jahren der Beklagte von dem Betruge des Klägers, so kann er nach Ansicht des Reichsgerichts eine neue selbständige Klage gegen den früheren Kläger erheben. Und zwar, falls die Urteilssumme bereits gezahlt ist, mit dem Antrage, daß der Kläger auf Grund ungerechtfertigter Bereicherung zur Herausgabe des gezahlten Betrags verurteilt

[1] Die zeitliche Beschränkung des § 124 BGB. paßt für den Prozeß überhaupt nicht, maßgebend muß vielmehr der Rahmen der mündlichen Verhandlung sein.

[2] Es genügt nicht, jede zivilrechtliche Täuschung, welche einen Anfechtungsgrund bildet, es muß hinzukommen: die Absicht, sich einen rechtswidrigen Vermögensvorteil zu verschaffen, sowie die Tatsache der Vermögensbeschädigung, während zum Begriffe des zivilrechtlichen Betruges die absichtliche rechtswidrige Täuschung schlechthin ausreicht. Das gleiche gilt für die Nötigung und Bedrohung. Hier wird die Bedrohung mit einem Verbrechen oder Vergehen erfordert, während im Zivilrecht jede Anwendung von Gewalt zur Anfechtung genügt.

werde, im andern Fall, daß Kläger nicht berechtigt sei, aus dem früheren Urteil die Zwangsvollstreckung zu betreiben, und den Schuldtitel herauszugeben habe.[1] Das Reichsgericht gründet seine Ansicht in erster Linie auf §§ 826, 249 BGB., wonach der böswillige Kläger schadensersatzpflichtig sei und demnach den Zustand wieder herzustellen habe, der bestehen würde, wenn der zum Ersatz verpflichtende Umstand nicht eingetreten wäre. Diese Auffassung entspricht zweifellos dem Bestreben, einen dem Rechtsgefühl offensichtlich widersprechenden Zustand zu beseitigen; sie läßt sich aber nicht mit dem geltenden Prozeßrecht vereinigen. Das Gesetz will eben, um Ungewißheiten zu vermeiden, eine definitive Zeitgrenze setzen, worüber hinaus jeder Rechtsbehelf gegen einen Urteilsspruch ausgeschlossen sein soll, mag dieser mit der objektiven Rechtslage im Einklang stehen oder nicht.

Die Rechtskraft, bzw. die endgültige Ausschlußfrist bei den Rechtsbehelfen, ist ein Gut, welches der Allgemeinheit zustatten kommt und durch die Verkehrssicherheit erfordert wird. Daß dieser Vorteil auf Kosten des einzelnen erkauft werden muß, daß sich auf der anderen Seite Nachteile ergeben, ist bei der irdischen Unvollkommenheit nichts Außergewöhnliches. Aufgabe der Gesetzgebung ist es, diese Nachteile auf ein möglichst geringes Maß zu beschränken. Die ZPO. tut das, indem sie selbst unter Umständen die Restitutions- oder Nichtigkeitsklage gewährt, und hierfür eine absolute Frist von 5 Jahren bestimmt. Ist während dieses Zeitraums das Urteil nicht angegriffen, so hat selbst bei einem objektiv unrichtigen Urteilsspruch die Zeit einen gewissen Ausgleich herbeigeführt, es hat eine Versöhnung über den gebrochenen Rechtsfrieden stattgefunden. Der gleiche Gedanke liegt der Verjährung im Zivil- und Strafrecht zugrunde.

Aus diesen Erwägungen heraus muß der Standpunkt des Reichsgerichts als grundsätzlich unzutreffend bezeichnet werden. Einer neuen Klage würde auch aus den angeführten Gründen die Einrede der rechtskräftig entschiedenen Sache entgegen-

[1] ERG. Bd. 46 S. 75 u. Bd. 61 S. 359, woselbst ähnliche Fälle, jedoch nicht bezüglich des Anerkenntnisses, behandelt werden.

stehen. Der § 826 BGB. kann hier deswegen überhaupt nicht in Frage kommen, weil eine Schadenszufügung nicht gegeben ist, denn res judicata jus facit inter partes. — Eine weitere Erörterung dieser nicht uninteressanten Frage verbietet der Zweck der vorliegenden Aufgabe (vgl. aber Dernburg in DJZtg. 1905 S. 466; neuerdings Düringer in DJZtg. 1911 S. 38 ff.).

* * *

Das bisherige Ergebnis hat also gezeigt, daß eine unmittelbare oder analoge Anwendung der Vorschriften des Bürgerlichen Gesetzbuchs auf die Beseitigung der Wirkungen fehlerhafter Anerkenntnisse bei der grundsätzlichen Verschiedenheit zwischen Privatrecht und Prozeßrecht ausgeschlossen ist; daß aber eine Anfechtung des Anerkenntnisses mit der Grundlage des Prozesses vereinbar und zugleich als notwendiges Erfordernis des Rechtsschutzprinzips geboten ist.

Und gerade hierin zeigt sich noch einmal der Gedanke, welcher der gesamten Ausführung zugrunde liegt: die Vermischung von Zivil- und Prozeßrecht verzerrt die prozessualen Begriffe und gibt Anlaß zu unklaren und irrigen Vorstellungen. Nur eine scharfe, rückhaltlose Trennung beider Rechtsgebiete, ein Aufsuchen der Zweckfunktionen des Prozeßverfahrens gewährleistet eine sichere Grundlage der prozeßrechtlichen Begriffe.

FSC
www.fsc.org
MIX
Papier | Fördert
gute Waldnutzung
FSC® C083411

Kolibri 360 GmbH
Ferdinand-Jühlke-Straße 7
99095 Erfurt, Deutschland
produktsicherheit@kolibri360.de